농촌마을이 아픈 이유

이 저서는 2022년 대한민국 교육부와 한국연구재단의 지원을 받아 수행된 연구임
(NRF-2022S1A5C2A02093459)

농촌마을이 아픈 이유

환경 갈등과 회복의 기록

김미숙 지음

솔과학

책을 펴내며

　내가 장점 마을 환경오염 사건에 처음 관심을 갖게 된 것은 2017년 4월 어느 날이었다. 환경 관련 연구를 하는 활동가가 조사차 장점 마을에 간다기에 우연히 동행한 것이 그 시작이었다. 문화인류학 박사 과정을 마무리하고 나서 다음 길이 잘 보이지 않던 시간강사 시절이었다. 당시만 해도 장점 마을 이야기는 아는 사람만 아는, 관심도 크게 끌지 못한 지역 이슈에 불과했다. '심각한 공해 오염으로 힘들어하는 애니메이션 속 한 장면'을 떠올리며 호기심이 일었다. 하지만 막상 마을에 도착했을 때의 첫인상은 달랐다. 어디서나 볼 수 있는 평범한 시골 마을이었다. 논으로 둘러싸인 채 길쭉하게 형성된 마을 풍경은 어릴 적 내가 살았던 시골을 떠올리게 했다. 버스가 한 시간에 한 대쯤 다니던, 고요하고 작은 시골 마을이었다.

　마을에 도착하니 최재철 마을대책위원장이 큰 목소리로 마을이 당하는 부당함을 호소하며 집집마다 대문을 가리켰다. 그러면서 그 집에 사는 아픈 이, 이미 세상을 떠난 이들의 이야기를 마치 소설 읽듯 술술 풀어냈다. 마침 공장이 가동을 멈춘 지 한두 달쯤 된 시기였기에 조용한 시골 마을에 그런 일이 있었다는 사실이 처음에는 쉽게 실감 나지 않았다.

　그렇게 시작된 마을 사람들과의 만남은 한 번이 두 번이 되고, 세 번이 되면서 그들의 삶과 과거를 조금씩 느낄 수 있게 되었다. 사실

처음에는 조사라기보다 그저 지인이 사는 동네를 찾는 '마실'에 가까웠다. 하지만 마을 어르신들이 들려주는 이야기에 호기심이 생겼고, 그들이 말하는 '비료 공장'이 궁금해졌다. 바람이 불 때마다, 이른 아침마다 찾아오는 악취 이야기를, 별 효과도 없었던 가림막을 보며, 비로소 이해하기 시작했다.

특히 일찍 하늘의 별이 된 남편의 이야기를 하며 무덤덤하게 가족사를 꺼내던 홀로 남은 아주머니들의 표정이 지금도 기억에 생생하다. 그리고 내가 가장 좋아하는 마을 당산나무 아래에서 공장을 바라보며 담소하던 아주머니들의 뒷모습은 발표 때마다 보여 주는 나의 '과거 인증 샷'이 되었다.

어르신들과 이야기를 나누고 해를 거듭하며, 얼마나 이웃의 고통에 무심했는지를 깨닫고 부끄러움을 느꼈다. 그러나 그 시간은 나에게 많은 것을 보여 주었다. 내가 사는 환경이 나와 어떻게 맞닿아 있는지, 주민의 힘이 얼마나 중요한지, 전문가의 역할과 태도는 어떠해야 하는지, 그리고 정치력이 왜 필요한지를. 마을이라는 작은 공간에서 변화하는 사람들의 모습과 그 주변에서 얽히고설킨 정치의 이해관계를 함께 바라볼 수 있게 해 주었다.

그래서 나는 사건을 정리하며 논문을 쓰기 시작했다. 환경 갈등 사건을 바라보는 인류학적 연구 방법론을 토대로 사회문화적 관점을 중심에 두었다. 우리 사회에서 잘 드러나지 않는 약자들의 삶과, 그들을 둘러싼 제도와 정치 체계, 그리고 그 속에서 작동하는 사회 시스템을 기록하고자 했다.

특히 장점 마을이 환경 피해를 공식으로 인정받은 지 5년이 지나고 복구 사업 등이 진행되어 거의 마무리되고 있는 지금, 연구자로서의 나와 마을 사람들이 함께한 긴 호흡을 마무리하는 의미로 이 책을 펴낸다. 이 책은 딱딱한 이론서도, 공식적인 보고서도 아니다. 나는 환경 갈등을 겪는 작은 마을들을 찾아가 그곳 사람들의 목소리를 듣고, 그 주변과 얽힌 이야기들을 기록했다. 특히 '사회문화적 조사'라는 이름으로 현장의 당사자들을 만나면서, 그들의 경험 속에서 드러나는 특징과 의미를 발견하고자 했다.

크고 작은 사건들이 끊임없이 일어나며 세상이 빠르게 변하는 지금, 우리는 이미 많은 일을 과거의 기억으로 흘려보내고 있다. 나는 이 책을 통해 환경오염 사건들이 다시는 반복되지 않기를 바란다. 동시에 여전히 같은 고통 속에 있는 이들에게는 문제를 풀어갈 실마리와 작은 단서, 그리고 무엇보다도 '우리도 해낼 수 있다'는 희망을 전하고 싶다. 더 이상 아픈 지역이 없기를 바라면서.

이 책은 환경오염과 건강 피해를 둘러싼 농촌 마을들의 이야기에서 시작한다. 1부 '변화와 피해'에서는 전북특별자치도 남원시 내기마을, 익산시 장점 마을, 군산시 서수면 농공단지 주변 마을처럼 공장과 축산단지가 인접해 변화와 피해를 겪은 사례를 주민들의 이야기를 분석해서 정리했다. 처음 장점 마을 조사를 진행하던 중, 이미 역학조사가 완료된 내기 마을 사례를 알게 되었고 이를 반면교사(反面教師) 삼기 위해 쓴 첫 번째 논문이 "유해물질로 인한 농촌 마을의 변화와 갈등 -전북 남원 내기마을의 건강역학조사 전후 사례를 중심으로"(『지역사회연구』 27-4, 2019)였다. 이어 2017년부터 꾸준이 진행해 온 장점 마을 조사는 2019년 실시한 역학조사(『전북 익산시 함라면(장점마을) 환경오염 및 주민건강 실태조사』) 과정에서 보고서로 정리되었고, 그 일부는 한국환경정책·평가연구원의 보고서 『피해자 삶의 복원을 위한 환경오염피해의 사회모델 개발: 오염공동체 사례를 중심으로』(김도균 외, 2020)에 반영되었다. 이후 이를 확장하여 발표한 논문이 "유해공장으로 인한 농촌마을의 피해와 변화: 전북 익산 장점마을 주민의 구술을 중심으로"(『농촌사회』 31-1, 2021)이다. 또한 장점 마을과 인접한 군산시에서 발주한 2021년 역학조사(『군산시 서수면 환경오염도 조사 및 분석 용역』)의 일부 내용을 토대로 작성한 "농촌사회 환경 갈등과 주민 생활 및 건강 변화-군산 서수면 농공단지 주변 마을 사례"(『지역사회연구』 31-1, 2023)를 바탕으로 일부 내용을 보완하고 정리했다.

  2부 '역학조사와 인과성'에서는 역학조사가 어떻게 진행되고 인과성이 어떤 과정을 거쳐 규명되는지를 따라가며, 주민·공장·지방자치단체 간의 갈등, 조사 과정의 한계와 함정, 그리고 이를 극복하려 한 주민과 전문가들의 노력을 살펴보았다. 이 부분은 내기 마을과 장점 마을의 사례를 비교한 것이다. 내기 마을에서는 앞서 언급한 논문 "유해물질로 인한 농촌마을의 변화와 갈등 -전북 남원 내기마을의 건강역학조사 전후 사례를 중심으로"(『지역사회연구』 27-4, 2019)를 통해 역학조사 과정과 그 결과가 가져온 변화를 살펴보았다. 이어 장점 마을 후속연구 가운데 두 번째 논문인 "환경 갈등 해결 과정에서 민관협의체 민간위원들의 역할 -익산 장점마을 민관협의회를 중심으로 -"(『ECO』 26-1, 2022)를 바탕으로, 인과성을 인정받을 수 있었던 주요 활동을 단계별로 작성했다.

  3부 '복구와 복원'에서는 피해가 공식적으로 인정된 이후 진행된 복구와 복원 과정을 기록했다. 국가·지자체의 사후 관리, 배상금

합의, 시민사회의 지원, 법·제도 개선 등 환경 피해 이후의 복구과정에서 나타난 다양한 현실을 짚었다. 이 부분은 장점 마을 후속연구 가운데 세 번째 논문을 바탕으로 했다. 먼저 한국환경연구원의 과제로 수행된 『환경오염피해 공동체의 복원력 강화 연구:갈등관리를 중심으로』(김도균 외, 2022)에서 장점 마을 사례를 제시했고, 이후 이를 확장해 발표한 "익산 장점마을 환경오염 사건에서 복구과정의 특징"(『ECO』 27-1, 2023)을 기반으로 삼았다. 거기에 더해 현재까지 이어지고 있는 변화상을 추가하여 정리했다.

4부 '기억과 교훈'에서는 우리보다 앞서 환경 갈등을 겪었던 일본 미나마타병 사건을 통해, 환경 갈등을 어떻게 기억하고 교훈으로 전할 수 있는지를 모색했다. 이를 위해 전시와 기록이 지니는 사회적 의미를 탐구했다. 이 부분은 2020년 1월, 첫 번째 현지 조사를 다녀온 뒤, 코로나19로 3년 가까이 현장을 못가다가, 2023년 초 다시 시작한 미나마타 지역 조사의 결과를 담고 있다. 그런 상황 속에서 매번 조심스레 사람들을 만나며 작성한 논문 "미나마타병자료관과 미나마타병센터 소시샤의 사회적 역할 비교"(『한국과학예술융합』 43-1, 2025)를 바탕으로 내용을 보완해 정리했다.

이렇게 나의 연구 호기심의 흐름을 따라가다 보면 결국 환경 갈등 해결의 주인공은 현장에서 문제를 마주하고 목소리를 낸 주민들임을 확인하게 될 것이다. 그래서 이 책은 과거의 나처럼 환경오염으로 인한 고통과 갈등에 무심한 사람들을 위한 것이다. 부족하지만 그동안의 연구 논문을 엮고 내용을 수정·보완했다. 이 책이 독자와 주변, 특히 우리가 사는 지역과 환경, 그리고 그 안에서 살아

가는 평범한 사람들의 삶을 돌아보는 계기가 되기를 바란다.

끝으로, 이 책이 나오기까지 현지 조사와 논문 게재를 오랫동안 지원해 주신 쌀·삶·문명연구원, 그리고 아낌없는 조언을 해주신 여러 선생님들께 깊이 감사드린다. 특히 연구원은 "20세기 동아시아 심성체제의 탐색적 연구"라는 주제로 국가의 제도와 사람들의 일상 사이의 접점에서 형성되는 다양한 심성체제를 연구해 왔다. 그 연구의 흐름 속에서 이 책은 환경오염으로 인한 갈등을 둘러싼 제도와 다양한 얽힘, 그리고 사람들의 인식 변화를 사례로 분석한 결과물이다. 이는 기후위기 시대에 환경위기 극복을 위한 사회적 실천과 학문적 확장에도 작은 기여가 되리라 믿는다. 또한 나의 박사논문의 일부를 책으로 펴낸 『야생동물을 바라보는 시선과 비극』(전북대학교출판문화원, 2022)에 이어, 이번 원고 전체를 처음부터 끝까지 꼼꼼히 읽어 주시며 단어 하나, 표현 하나까지 짚어 주신 여규병 선생님께 깊은 감사를 드린다.

무엇보다도, 학교 공부를 잠시 뒤로하고 조사에 기꺼이 함께해 준 유강이와 아윤이, 귀가 아플 만큼 아낌없는 조언을 건네고 방향을 잡아 주신 노벨 세훈님께 사랑과 고마움을 전한다.

2025년 9월 오늘도 맑은 날
김미숙

목차

책을 펴내며 · 4

들어가며 · 13

환경오염에 의한 건강 피해
구술과 기억의 재구성

1부   변화와 피해 · 21

1. 남원 내기 마을과 유해 시설, 그리고 공장 · **23**
내기 마을 · 24
마을 주변 유해 시설과 공장, 그리고 변화 · 26

2. 익산 장점 마을과 비료 공장 · **32**
장점 마을 · 33
환경 갈등의 시작과 변화 · 35
환경 악화는 삶의 변화를 · 38
회피하기 위해 노력했지만 · 39
주변이 변하고 · 42
아픈 사람이 늘고 · 45
농사짓기도 힘들고 · 48
주민들 사이도 나빠지고 · 50

3. 군산 서수면 농공단지와 주변 마을 · **53**
농공단지와 주변 세 마을 · 54
상장곤 마을, 길 건너 공단 · 57
하장곤 마을, 그래도 윗마을보다 살기 좋다 · 59
운원 마을, 위치에 따라 다른 갈등 · 61
주변이 변하니 건강도 마을도 심란 · 64
공장과 주민 사이의 갈등은 민원으로 · 66
신문 기사로 본 갈등 · 68
농촌 마을의 현주소, 셋 중 하나 · 70

2부 역학조사와 인과성 · 75

1. 역학조사와 외부인 · 77
환경오염사건에서 역학조사란 · 77
역학조사에서 외부인들의 역할 · 80

2. 내기 마을, 역학조사와 그 함정 · 84
공장, 주민 및 지자체의 갈등 · 84
역학조사 실시 과정, 정치권력의 힘 · 87
이후, 역학조사의 함정 · 93
다시는 이런 일이 없었으면 · 97

3. 장점 마을, 인과성 도출 과정에서 등장한 외부인들 · 101
시기별 행위자별 · 101
단계별 갈등 양상과 민간 위원들의 역할 · 113
든든한 울타리가 된 지역 전문가들 · 116

3부 복구와 복원 · 121

1. 되돌리기 위한 환경오염 피해 구제 · 123

환경오염 피해 구제란? • 123
환경오염 피해 구제를 위한 급여와 현실 • 126

2. 피해 공식 인정받은 장점 마을, 그리고 변화 • **131**
지자체의 사후 관리 주민 지원 사업 • 131
합의했으나 국가 책임 인정받은 주민 소송 • 136
민사조정 합의 배상금 • 143
주변 마을의 반응 • 144

3. 사회적 관심과 성과 • **148**
시민사회의 지원 • 148
사회적 성과 • 154
교훈의 장소가 되기 위해 • 158

4부 기억과 교훈 • 163

1. 환경 갈등 알리기 • **165**
외부인들로 인한 집단 기억과 전시 • 166
미나마타병은 진행 중 • 168

2. 미나마타병 사건의 시작과 복구 • **173**
미나마타와 미나마타병 사건 • 173
미나마타 재생을 위한 모델 • 177

3. 전시와 자료로 알리고 배우기 • **181**
미나마타병자료관과 미나마타병센터 소시샤 • 181
두 기관·단체의 역할과 특징 • 185

4. 미나마타병 사건을 보는 두 가지 접근법 • **200**

나오며 • 204
앞으로 이런 일이 없기를 희망하며

들어가며

　환경오염 사건을 조사하면서 나는 주민들의 이야기에 귀 기울이고, 그 속에서 그들이 겪은 고통과 피해를 읽어내고자 노력했다. 한 사람, 한 사람의 이야기는 모두 주관적이지만, 모아 놓고 보면 공통된 주제와 흐름이 드러난다. 알지 못하는 사이 환경오염의 피해자가 된 주민들은 곧바로 법과 제도의 사각지대에 놓이게 되고, 어느 순간 감당하기 어려운 현실과 마주하게 된다. 아직은 짧은 연구지만, 인류학을 전공해온 나의 시선을 담아, 환경오염이 지역사회에 가져온 변화, 각 단계에서 드러난 특징과 시사점, 그리고 인과성이 공식적으로 인정된 사건이 우리에게 주는 의미를 기록하고자 한다. 통계나 수치로 주민들의 상태를 기계적으로 분석하기보다는 당사자들의 목소리를 통해 환경오염 피해와 그 이후의 삶의 동학을 함께 생각해 보자.

환경오염에 의한 건강 피해

유해 물질로 인한 주변 주민들의 건강 이상 문제는 이미 오래전부터 제기되어 왔다. 특히 공업단지 주변 마을이나 단지 안에 거주하는 주민들은 종종 '환경 약자'로 분류되기도 한다. 또 '사회적 고통'이란 외부에서 유입된 어떠한 원인 요소로 인해 집단으로 신체적 정신적 경제적 피해가 발생하는 것을 의미한다. 이때의 고통은 개인 차원의 아픔을 넘어 집단 차원에서 함께 느끼는 것이기에 사회문제로 다루어져야 한다.[1] 그러나 현실에서는 주민들의 집단 고통에 정부가 안일하게 대응하는 경우가 많다. 심지어 어떤 상황에서는 주민들에게 '지역사회의 발전을 위해 침묵하라'라고 요구하기도 한다.[2] 이는 곧 지역 경제 발전을 위해 주민의 희생을 당연시하는 사회구조적 문제를 보여 주는 것이다.

환경오염에 의한 건강 피해 연구는 1960년대 말부터 시작되었으며, 특히 대기오염이 건강에 미치는 영향에 관한 연구가 다수 진행되었다.[3] 그러나 1970~80년대에는 환경 피해 사례의 체계적인 조사와 연구가 거의 없었고, 관련 전문가도 부족해 연구 활동이 활발하지 않았다. 그러다 1980년대 중후반부터 환경단체가 설립되기 시작하면서 일부 연구 보고서가 발표되었다.[4] 보상과 관련해서는 환경 피해가 늘어남에 따라 보상액은 증가했지만 대부분 농작물, 수

---

1 함한희, "사회적 고통을 보는 문화적 시각-새만금지역의 경우", 『ECO』 2(2002), 261-262쪽.
2 함한희, 앞의 논문(2002), 283쪽.
3 조수헌, "환경오염에 의한 건강피해-우리나라의 실태와 문제점", 『예방의학회지』 28-2(1995), 250쪽.
4 김민정, "환경 갈등 조정자로서의 전문가의 역할", 『ECO』 8-1(2009), 10쪽.

산물, 생활환경에 국한되었고 건강 피해 보상 및 배상은 거의 이루어지지 않았다. 1990년대 들어 대도시와 산업단지를 포함한 지역에서 가스, 소음, 분진, 악취 등을 호소하는 민원이 증가했고, 주요 오염원은 공장과 교통수단이었다. 주민들의 대응은 대체로 '진정→민원→고발→소송→항의→시위→농성'으로 이어졌으며, 국가와 지자체는 단속 강화, 행정 처분, 요구 수용 불가 표명 등으로 대응할 뿐 뚜렷한 대책을 내놓지 못하는 경우가 많았다.[5] 1990년대 초반 이후에는 자연환경과 인간 환경 모두에 관심이 높아졌고, 환경이 사회적 갈등의 주요 원인으로 부상하면서 사회과학 연구자들의 관심도 커졌다. 이를 반영하듯 노무현 정부 시기에는 대통령자문기구인 '지속가능발전위원회'를 발족하여 갈등 당사자 간의 대립을 조정하고 합의를 이끌어 내는 연구를 진행했다.[6] 즉 환경 피해 사례와 갈등이 확산하자 먼저 환경단체를 중심으로 조사와 연구를 시작하였고, 이어 학계와 정치권에서도 문제 해결을 위해 노력하기 시작했다. 특히 환경 갈등 해결에는 이해당사자 간의 관계 조정뿐 아니라 사회적 약자를 대변하면서 과학적 전문성과 활동가로서의 역할을 겸비한, 다시 말해 '과학적 전문성을 일정 정도 갖추고 활동가로서의 역할을 할 수 있는 준전문가'가 필요하다. 이는 환경 갈등의 특성상 원인을 규명하고 잠재적 피해까지 고려해 연관성을 찾기 어려워, 과학적 논리에 기반한 의사결정이 이해관계나 정치적 힘겨루기

---

5   조수헌·김선민·조성일, "환경오염에 의한 건강피해 보도사례", 『예방의학회지』 26-1(1993), 127, 129쪽.
6   김민정, 앞의 논문(2009), 110-111쪽.

보다 설득력이 더 클 수 있기 때문이다.[7]

그러나 환경오염으로 인한 건강 피해는 피해가 집단화되기 전까지 그 실상과 문제점을 관찰하고 파악하기 어렵고 나아가 배상을 받는 일도 쉽지 않다. 이러한 이유로 예방의 중요성이 더욱 강조된다. 더욱이 상황을 정확히 인식하려면 환경오염 상태와 그로 인한 건강 피해의 계량화된 자료를 공유해야 하며, 이를 위해 의학 분야에서는 환경성 질환과 관련된 기초 조사 자료를 꾸준히 축적해야 한다는 지적이 있다.[8] 또 현실적으로 '암'이라는 질병에 관심이 큰데 역학 연구에서는 암 환자 정보만을 지나치게 강조하다 다른 질병을 간과하는 오류를 범할 수 있다. 더구나 안전 불감증으로 사고가 발생하기 전까지는 위험을 인식하지 못하기 십상이다. 이 때문에 조사에서 얻은 정보가 당시의 실제 상황을 충분히 반영하지 못하는 명백한 한계가 있는데도 이런 자료와 통계를 바탕으로 수립된 정책이 많아 근본적인 효과를 거두기 어렵다는 비판이 제기된다.[9] 그리고 사회적 고통의 피해자들은 자신의 고통이 사회나 주변 사람들에게서 인정받지 못할 때 상처가 더 깊어진다. 그뿐 아니라 피해자들이 자신의 고통이나 재난을 직접 증명해야 하는 사회 제도적 불합리성과 왜곡된 인식 때문에 고통이 더욱 가중된다.[10] 지금도 여러 지역에서 이러한 상황이 반복되며, 현장의 학자들이나 피해 당사자들의 지속적인 비판에도 불구하고 현실과 법, 제도 사이의 간

---

7 김민정, 앞의 논문(2009), 129-133쪽.
8 조수헌, 앞의 논문(1995), 257쪽.
9 김승섭, 『아픔이 길이 되려면』(동아시아, 2017), 156-157쪽.
10 김승섭, 앞의 책(2017), 175-188쪽.

극을 좁히기까지는 여전히 시간이 더 필요한 듯하다.

구술과 기억의 재구성

구술(口述, oral narration)이란 "역사적 사건이나 경험, 삶의 방식에 대한 인간의 기억을 기록하기 위하여 사람들을 인터뷰하고 이야기를 나누는 것"을 말한다. 이렇게 나눈 이야기는 연구의 기초가 되며, 구술사 연구자들은 이를 재료로 역사적인 이야기를 구성한다. 그 과정에서 과거 사건의 원인과 전개 과정을 밝히고, 나아가 그것이 인간의 삶에 어떤 영향을 미치는지 평가한다.[11] 구술 기록은 단순히 과거를 회상한 내용만 담는 것이 아니다. 당시의 경험이 개인의 삶에 미친 영향과 그에 대한 해석, 그리고 구술자가 느낀 감정까지도 중요한 연구 대상이 된다. 그렇기 때문에 구술 기록을 분석할 때 감정은 결코 부수적인 요소가 아니다. 그러나 구술을 텍스트로 옮기는 과정에서 이런 섬세한 요소들이 사라지거나 왜곡될 수 있다. 따라서 인터뷰 현장에서는 반드시 녹음과 녹화를 병행해 기록해야 한다고 말하기도 한다.[12] 결국 구술 연구는 단순히 기록하는 것이 아니라, 현장의 분위기와 말하는 사람의 미묘한 감정 변화까지 헤아려 종합적으로 분석하는 과정이다. 그렇기에 장기간의 관찰이 필요할 때도 많다.

따라서 구술사는 "과거의 경험을 기억해 현재로 불러오는 작업"

---

11 Warren, Rovert E., Maniscalo, Michael P., Schroeder, Erich K., Oliver, Jaeme S., Huitt, Sue, Lambert, Douglas and Frisch, Michael. "Restoring the human voice to oral history: The Audio-Video Bam Website", *Oral History Review* 40-1(2013), 108.

12 이호신, "구술사 연구와 기록관리, 녹취문을 넘어서", 『구술사연구』 8-2(2017), 107-108쪽.

이다. 이를 통해 문헌이나 공식 기록에 남지 않은 사람들의 역사적 경험이 드러난다. 기존의 역사가 주로 엘리트 중심의 서사를 담았다면 구술사는 '아래로부터의 역사 쓰기'라 할 수 있다. 다시 말해 사람들의 기억을 불러내어 실제 경험을 복원하고, 그 기억을 둘러싼 사회적 논쟁과 해석에 참여하는 대안적 역사 서술인 셈이다.[13] 이러한 구술사는 과거 역사 속에서 기록되지 못한 사회적 약자의 목소리를 대변할 수 있다. 또 그들의 상황과 삶의 경험을 설명하고 재구성하는 데 중요한 역할을 한다.

과거의 경험은 그대로 보존되는 것이 아니라 현재의 우리가 보이는 관심과 문제의식에 따라 재구성된다. '기억'이란 수많은 과거의 경험 중에서 현재의 관심사에 맞춰 선택된 것이며, 개인의 기억이면서 동시에 집단의 기억이라는 성격도 지닌다. 우리가 했던 말이나 행동 중에서 말로 표현되거나 글로 기록된 것들은 과거를 기억하는 주요 재료가 된다. 그러나 행복한 순간을 보내거나, 잔인하고 끔찍한 일을 당한 경험은 말이나 글로 표현하지 않아도 오랫동안 마음속에 남아 기억으로 저장된다. 이런 기억을 파헤쳐 그 속에 묻혀 있던 인간의 삶을 새롭게 드러내고, 이를 현재의 삶을 비추는 거울로 삼는 것이 역사학의 중요한 임무이다. 따라서 개인이나 집단의 기억 속에 남아 있는 상처를 불러내는 구술 연구는 인간의 복잡한 삶과 그 속의 다양한 문제와 깊이 연결된다. 구술은 "진실에 이르는 또 다른 길"이자 억압된 기억이 남긴 상처를 치유하는 하나의

---

[13] 윤택림, "구술사와 역사학의 어색한 관계:그 성과와 전망", 『구술사연구』 7-2(2016), 49, 51쪽.

방법론이 될 수 있다.[14] 이처럼 사람들과 함께 공감하고 이야기하는 과정에서, 일상생활 속의 문제나 역사적 사건에서 비롯된 고통스러운 기억과 역사로 굳어진 집단의 상처를 치유하는 데 중요한 역할을 할 수 있다. 이런 점에서 구술사 연구는 인문 치료에도 응용 가능하다고 보았다.[15] 실제로 심리학, 의학, 사회복지 등 다양한 분야에서 '말하기', '상담 치료', '심리상담' 등의 이름으로 구술을 활용하여 마음을 치유하며 심신의 회복을 돕고 있다.

환경 갈등이 발생한 지역을 찾아가 주민들을 만나고, 그 주변 사람들과 이야기를 나누다 보면 종종 "나도 모르게 이야기하면서 위로받았다", "속 시원하다" 같은 말을 듣는다. 심리학을 전공하지도 않았고 상담 자격증도 없지만 일상에서 누구든 그들을 이해하려는 마음은 어떤 방식으로든 전해진다는 것을 실감하게 되는 순간이다. 그럴 때마다 내가 하고 있는 일에 새삼 감사함을 느낀다. 문화인류학을 공부해 온 나에게, 이들과 함께 허심탄회하게 이야기를 나누고 웃고 떠드는 그 시간이야말로 내가 잘하고 있구나 하는 확신이 드는 순간이다.

---

14 김호연·엄찬호, "구술사(oral history)를 활용한 인문치료의 모색-기억, 트라우마, 그리고 역사치료", 『인문과학연구』 24(2007), 378-379쪽.
15 김호연·엄찬호, 앞의 논문(2007), 362-363쪽.

1부 변화와 피해

1. 남원 내기 마을과 유해 시설, 그리고 공장
2. 익산 장점 마을과 비료 공장
3. 군산 서수면 농공단지와 주변 마을

1
남원 내기 마을과 유해 시설, 그리고 공장

내가 내기 마을을 처음 알게 된 것은 장점 마을 어르신들과의 대화 속에서였다. 내기 마을을 비교 대상으로 언급했는데, 환경 피해로 역학조사가 진행되었지만 곧 사람들의 관심에서 조용히 사라져 버린 곳이었다. 2019년 봄, 나는 처음으로 내기 마을을 찾았다. 남원으로 가는 고속도로를 달리며 보이는 푸른 산과 들은 평화로웠고, 마을 입구에 들어서자 외진 곳에 자리 잡은 공장 안내판만 보였다. 안내판을 지나 높게 자란 방풍림으로 둘러싸인 공장은 겉보기에는 아무 문제없어 보였다. 마치 모든 것이 평온한 듯, 당시 이곳에서 무슨 일이 있었는지 전혀 상상할 수 없을 만큼. 그러나 공장 주변을 몇 바퀴 돌며 사진을 찍고, 정문처럼 보이는 곳에서 카메라를 들이대는 순간, 멀리서 차 한 대가 빠르게 다가왔다. 공장 직원이었다. 그는 내게 신분을 묻더니 "다 끝난 일로 여기 와서 사진을 찍느냐"며 인터뷰조차 거절했다. 순간 두려움과 동시에 많은 생각이 머릿속을 스쳐 지나갔다.

마을은 공장보다 낮은 곳에 있었는데, 눈앞에 펼쳐진 풍경은 아름다웠다. 그러나 정작 마을은 고요했고, 그곳에서 만난 주민들은 너무나 담담하게, 마치 오래전에 끝나버린 일처럼 이야기했다.

내기 마을

전라북도 남원시 내기(內基) 마을은 남원시 중심부에서 동쪽으로 10km가량 떨어져 있으며 마을 뒤쪽으로는 광주대구고속도로(옛 88고속도로)가, 앞쪽으로는 국도 24호선이 통과하고 있다. 마을 동쪽에는 지리산 줄기가 뻗어 있고, 북쪽에는 시루봉이 있다. 마을 동부는 중산간부, 서부는 평야부이며 산림이 80%를 차지한다. 해발고도는 평균 171m인데 동부 산악지대는 200m이고 서부는 110m로 동고서저로 기울어진 형태이다. 행정구역상 남원시 이백면 강기리에 속하며, 총면적이 172ha(전 5ha, 답 20ha, 임야 129ha, 기타 18ha)로 이백면 전체 면적의 3.9%를 차지한다. 강기리에는 강촌(康村) 마을과 내기 마을이 있다. 내기 마을은 원래 남원군 백파면 내기리 지역으로 안터, 또는 내기라고 불렸다. 1914년 행정구역 통폐합 때 강촌리와 내기리를 병합하면서 두 마을 이름에서 한 글자씩 따 '강기리'로 명명하고 이백면에 편입시켰다. 특히 내기 마을은 400여 년의 역사를 가진 부안 김씨 집성촌이다. 마을 뒤의 시루봉과 방학산 등의 산이 병풍처럼 둘러싸고 있어서 자손만대가 이어갈 명당이라며 안터라고 불렀다. 이후 한자로 지명을 바꾸면서 '내기(內基)'라는 이름으로 불렸다. 그리고 100여 년 뒤 홍주 이씨 등이 정착하여 지금의 마

을을 이루고 있다.[1]

조사를 시작했을 때, 마을 인구는 2019년 1월에 수정된 남원시 읍면동 포털사이트의 자료를 기준으로 22가구 49명(남 24, 여 25)이 거주하고 있었는데 2005년 11월 말 조사 때의 30가구 66명보다는 줄었으나 2025년 8월에도 큰 변화는 없다. 그러나 당시 실제 거주민은 34~36명(2019년 10월 조사)이었고 일부 주민은 마을에 집을 그대로 둔 채 남원 시내에도 주거 공간을 마련하여 살면서 농사일을 할 때만 마을을 찾기도 하여서 집계가 명확하지 않았다. 마을 주민은 주로 쌀농사를 짓고 있었으나 주변이 산으로 둘러싸여 있기 때문에 농지가 넓지 않으며 밭농사도 대부분 소규모의 텃밭이 많았다. 더욱이 실제 농업을 경영하는 몇몇 가구 외에는 고령의 노인이거나 직장인이어서 낮 시간대에도 사람의 왕래가 적고 조용한 마을이다. 그리고 주변의 산업체라고는 1995년 설립된 아스콘 제조 공장 한 곳뿐이었다.

2019년 조사할 때, 25년 전 귀촌한 부부의 귀촌 동기에서도 "우리가 서울에서 남원을 지나가는데 마을 주변으로 꽃이 만발하여 있더라. 그것에 혹해서 바로 지나던 아주머니에게 여기 빈집 없느냐고 물어봤다. 너무 깨끗하고 이쁘고 좋아서 바로 그 옆집을 사고, 5년을 들여서 집을 만들었다. (중략) 누군가 항공사진으로 보면 우리 집이 멋지게 잘 나왔다고 하더라. 그때는 집 앞뒤로 마당도 잘 가꿨었다"라고 할 정도로 청정하였다고 한다. 또 골짜기는 다양한 물고기가 서식하여 이들 물고기를 잡아서 요리하여 먹었을 만큼 물이 깨

---

1 남원시 읍면동 포털, 이백면, 강기리 마을 소개 내용 참조.

끗하고 맑았다고 한다. 골짜기는 자연스럽게 빨래하고 미역 감는 장소가 되었다고 한다.

마을 주변 유해 시설과 공장, 그리고 변화

내기 마을은 골짜기를 옆으로 끼고, 경사면에 주택들이 자리 잡은 자연 마을이다. 동서남북이 산으로 둘러싸여 있으며 마을 앞으로 논과 텃밭, 비닐하우스가 있어 여느 산골 마을과 크게 다르지 않은 마을이다. 다른 점이 있다면 1982년에 세워진 신남원변전소와 1995년에 설립된 아스콘 공장이 마을과 길을 사이에 두고 600m 이내 거리에 있다.

남원시에는 총길이 118km에 이르는 고압 송전선로 5개가 지나고 있을 뿐만 아니라 송전탑도 356개나 돼 전국에서 가장 많다. 그런데 2010년에는 여기에 추가로 '남원 지역 부하 증가 대비 및 내륙 지역 전력 계통 연계를 통한 안정적인 전력 공급'을 목적으로 11.8km 구간에 철탑 31기를 설치하는 송전선로 건설 사업 등을 계획했다. 내기 마을이 포함된 이백면, 식정동, 갈치동, 고죽동, 광치동, 용정동 일대를 지날 예정이었다. 그러나 많은 시민사회 및 종교 단체 등의 설치 반대 운동으로 2022년 이후로 연기했다.[2] 즉 과학적으로 송전탑 및 변전소 주변 주민들의 건강 유해성에 대한 명확한 근거는 나오지 않았지만 고압선은 주변 주민들의 심리적 불안감과 질병과의 연관성(상승작용)이 잠재하고 있기 때문에 유해 시설 중

---

2 신기철, "남원~장수 고압 선로 거센 반발", 『전북일보』, 2010.9.2., 박문화, "제194회 정례회 본회의 3차 5분 발언(박문화)", 남원시의회 시정질문 5분 발언, 2014.12.18. 참조.

하나로 인식되고 있다.

<그림 1> 내기 마을 안에서 본 아스콘 공장과 송전탑(2019. 10. 17. 저자 촬영)

내기 마을에서 도보로 10분 거리에 한국전력공사 신남원변전소가 있으며 34만5000V의 고압 송전선이 마을 가까이로 지나고 있다. 이 대규모 변전소가 설치될 당시에는 지금과 같이 전자파 등의 문제로 사업에 반대하는 세력이 전혀 없었으며, 주민들도 공사가 시작된 뒤 토대 조성을 위한 폭발음이나 진동을 느끼고 나서야 변전소가 건설되는 것을 알았다고 한다. 마을 주민(K, 50대, 남)은 당시를 회상하며 "어느 날 꽝 하는 소리가 나더니 집이 흔들리고 땅이 흔들렸다. 지금 같았으면 큰 소음이나 진동이 없었을 텐데 그때는 기술이 안 좋아서 공사할 때마다 땅이 흔들리고 집에 금이 갈 정도로 심했다"라고 했다. 또 2012년 1월 29일 이후 준공된 가공송전선로 주변 지역에 적용되는 '송·변전 설비 주변 지역의 보상 및 지원에 관한 법률'의 대상에도 해당하지 않기 때문에 아무런 보상이나 지원을 받지 못하고 있었다.

송·변전 설비 주변 지역의 보상 및 지원에 관한 법률

(약칭 송전설비주변법)

제1장 총칙

제1조(목적) 이 법은 송·변전설비 주변지역에 대한 보상 및 지원 사업을 추진함으로써 전력 수급의 안정을 도모하고 국민경제와 지역사회 발전에 기여함을 목적으로 한다.

제2조(정의) 이 법에서 사용하는 용어의 뜻은 다음과 같다. 〈개정 2020. 2. 4., 2021. 1. 12., 2023. 1. 3., 2024. 1. 30.〉 (중략)

가. "송전선로 주변지역"이란 전압이 34만 5천 볼트 이상인 지상 송전선로가 지나가는 선하(線下)지역 인근으로서, 그 범위는 다음과 같다.

    1) 76만 5천 볼트 송전선로: 송전선로 양측 가장 바깥 선으로부터 각각 1,000미터 이내의 지역

    2) 50만 볼트 송전선로: 송전선로 양측 가장 바깥선으로부터 각각 800미터 이내의 지역

    3) 34만 5천 볼트 송전선로: 송전선로 양측 가장 바깥 선으로부터 각각 700미터 이내의 지역

나. "변전소 주변지역"이란 전압이 34만 5천 볼트 이상인 옥외변전소가 위치하는 인근지역으로서, 그 범위는 다음과 같다.

    1) 76만 5천 볼트 변전소: 외곽경계로부터 사방 850미터 이내의 지역

    2) 50만 볼트 변전소: 외곽경계로부터 사방 800미터 이내의 지역

3) 34만 5천 볼트 변전소: 외곽경계로부터 사방 600미터 이
내의 지역
출처: 송·변전설비 주변지역의 보상 및 지원에 관한 법률 https://www.law.go.kr

아스콘 공장은 1995년 설립·가동되었다. 도로 공사 등으로 주문이 있어야 가동하기 때문에 매년 다르지만 연간 70~90일 가동하며, 아스콘 약 5만톤, 쇄석 약 3만톤을 생산했다.[3] 규모는 마을의 면적과 거의 비슷하며, 주민이 피해를 보았다고 주장하는 공장 주변의 농지를 매입하는 방식으로 조금씩 확장하였다고 한다. 또 그 주변으로 아스콘 공장과 공정이 비슷한 레미콘 공장의 설립을 추진했다가 주민들의 반대로 무산되기도 했다. 이곳은 주변이 방풍림으로 빼곡하게 둘러싸여 잘 보이지는 않지만 대규모로 산림이 훼손된 곳이기도 하다.

이 공장 설립 당시에는 마을 주변에 산업시설이 전혀 없던 터라 공장 설립을 환영하는 주민도 많았다고 한다. 또 공장을 설립하면서 초기에는 주민들에게 관련 업체 견학을 시켜 주면서 아스콘 공장이 무해하다는 것을 홍보하기도 하였다고 한다. 하지만 시간이 지나면서 공장이 가동될 때 발생하는 미세먼지, 돌 깨는 소리, 대형 트럭의 경적 및 운행 소음 등은 주민들의 일상생활에 피해를 주기 시작했다. 주요 피해 사례를 간단하게 살펴보면 다음과 같다. 첫째, 공장은 마을보다 높은 곳에 자리한 데다 골짜기를 끼고 있어서 먼지나 매연, 악취가 공장에서부터 골짜기를 타고 마을 쪽으로 내려

---

3 남원시, 『2015년도 암역학조사 지자체보조사업 결과보고서』, 보고서, 2016, 11쪽.

왔다. 특히 공장이 가동되면 새벽과 이른 아침 시간에는 연기가 동네를 덮는 경우가 많았다고 한다. 둘째, 악취로 인하여 숨이 막혔던 경험이 있는 주민도 다수다. "우리 아버지가 산에서 버섯을 땄다. 나는 공장이 돌아갈 때 숨이 막힌다고 여러 번 (말씀을) 하시길래, 그때는 몰랐었다. (중략) 지금 폐암으로 돌아가시고 난 후에 생각해 보면 그 말이었나 싶다. 공장 옆 산에 자주 버섯을 따러 갔는데 공장 매연이 싸~하니 오더니 숨이 탁 막혀서 바로 내려왔다고 하더라."(K, 50대, 남) 셋째, 산울림으로 인하여 소리가 울리기 때문에 실제 주민들이 느끼는 소음의 강도는 더 컸다고 본다. 정확한 원인은 알 수가 없지만 마을의 고령자 중 청력이 안 좋은 사람이 많았다. 넷째, 골짜기를 타고 폐수 등이 내려와서 과거에는 미역 감을 정도로 깨끗하던 골짜기에 이끼가 끼었고 물고기를 비롯한 수생생물이 살 수 없을 정도로 수질도 악화되었다.

그러나 안타깝게도 오랜 세월 환경 피해를 본 주민들은 남원시나 공장을 상대로 민원을 넣거나 항의하였지만 효과가 없었다. 더욱이 공장에 가서 항의하면 공장 담당자들의 욕설과 핀잔으로 인하여 자괴감이 더 들었으며, 남원시에 민원을 넣어도 큰 변화나 개선이 없었다고 한다. 한 주민은 이와 관련해 "여기 사람들은 다 늙어 가지고 힘도 없다. 어떻게 상대를 하느냐. 다 늙고 걷기도 힘든데. (중략) 그래도 센 사람이라면 ○○ 할머니인데 거기에 올라가서 따지며 말했더니 직원들이 무섭게 욕하고 해서 다시는 안 간다고 하더라. 사람이 없다"라고 했다. 또 민원과 관련해서는 "○○의 형이 글을 아주 잘 쓴다. 그래서 한창 심할 때 청와대에 민원을 넣었다고 한다. 그런데 그 민원이 그 지역 공무원에게 간다고 하더라. 근데 그 공무원이

(공장주와 관련된 유지인) ○○○파라서 그 선에서 끝내 버렸다고 한다. 그러니 누가 민원을 넣겠느냐. 여기 사람들은 민원을 넣을 줄도 모른다. 전화할 줄도 모른다."(A, 60대, 여)라며 아쉬워했다. 즉 초기부터 거절(단절)되었던 과거의 경험들로 인하여 자신들의 피해 사실을 주변에 알리거나 외부의 도움을 요청하기가 힘들었을 것으로 보인다. 더구나 민원을 제기하기 어려운 고령자가 많고, 다소 폐쇄적인 소규모 농촌 공동체의 특성상 업체 종사자나 사업자와 얽혀 있는 경우도 적지 않아 대응에는 여러 한계가 따른다.

2
익산 장점 마을과 비료 공장

 2017년 봄, 호기심에 이끌려 찾은 장점 마을은 어린 시절 내가 살던 평야 지대의 작은 시골 마을을 떠올리게 했다. 이미 여러 차례 언론에 보도된 탓에, 주민들은 외부에서 오는 이들의 질문과 관심에 익숙해 보였다. 그들은 지난 변화를 담담하게 설명하면서도 "지금은 참 좋아. 공기도 많아졌고, 밤에 잠도 잘 와. 지금만 같으면 살 만하지"라며 목소리를 높였다.
 그 말이 끝나기도 전에, 지금은 돌아가신 한 할머니가 경로당 냉장고에서 반투명 플라스틱 통 하나를 꺼내왔다. 그 안에는 검은 폐수가 담겨 있었다. 마을에 외부인이 찾아와 당시 상황을 묻기라도 하면, 주민들은 그것을 증거처럼 내보인다고 했다. 통 뚜껑이 열리는 순간, 색깔만큼이나 지독한 냄새가 코를 찔렀다. 그리고 "공장에서 흘러내려 온 거야. 어때? (지자체에서 수질 조사를 하면) 항상 이상 없다고 괜찮다고 하길래, 직접 보라고 담아 뒀지"라며 친절하게 하

나하나 설명해 주셨다.

설명을 듣고 찾아간 마을 위에 자리한 공장은 굳게 닫혀 있었고, 허가 없이 안으로 들어갈 수 없는 상태였다. 겉으로 보기엔 그저 작은 공장일 뿐이었기에 이곳에서 어떻게 그런 일이 벌어졌는지 선뜻 믿기 어려웠다.

장점 마을

장점 마을은 익산시와 군산시의 경계인 익산시 함라면 신등리의 평야 지대(경지 면적 55ha)에 있는 전형적인 소규모 농촌이다. 그리고 마을의 주변으로 왈인, 장고재, 소룡, 임남의 4개 마을이 논밭을 경계로 인접하여 있다. 마을 주변의 자연환경은 뒤로는 등산로로 유명한 함라산과 웅포관광지가 있다. 특히 함라산 줄기에서 솟아나는 물은 큰 가뭄에도 마르지 않고 맑고 깨끗하기로 유명하였으며, 지금도 함라산 숭림사의 약수는 인근 주민들이 애용하고 있다. 이 물줄기는 수로를 타고 저수지와 농수로를 거쳐 마을 경로당 옆까지 이어지는데 예부터 농업용수와 생활용수로 이용되었다.

마을의 인구는 1940~1950년대생이 가장 많으며, 마을 공동체가 활성화되고 주변에 일거리도 많아서 경제 여건이 좋기 때문에 마을 및 그 주변으로 젊은 친인척들을 불러 정착하게 하는 경우가 많았다고 한다. 주민들은 당시 마을은 "활기찼으며 함라면에서도 부촌으로 인기가 높았다"라고 기억하고 있다. 특히 1970~80년대에 160~170명 정도로 가장 많았으며, 자녀들이 도시에서 취학하거나 취업하는 과정에서 인구가 급격히 감소하여 1990년대에는 120~130명으로 줄었다. 여기에 부모 세대도 고령으로 사망하면서

2000년대에는 100여 명으로 감소했다. 사망 원인은 노환으로 기억되며, 큰 질병 없이 장수하는 사람이 많았다고 한다.[4] 이는 전형적인 농촌 마을의 추이라고도 볼 수 있다.

인구는 주민등록상의 주민과 실거주자의 수가 다소 차이가 난다. 서류상으로는 45가구, 100명 전후를 유지하고 있으나 실거주자는 2018년 6월 43가구, 83명이며 60~70대 이상 고령층이 60%를 넘는다. 그 후에도 질병으로 인한 사망자가 있지만 이주해 온 사람들이 있어 인구 비율은 비슷한 수준을 유지하고 있었다. 2020년 4월 실거주자는 39가구 88명으로 집계된다. 농촌 지역의 주민등록상의 수와 실거주자의 수는 앞 장의 내기 마을에서도 그러했듯이 차이가 있다. 특히 익산시에서는 인구 증가와 출산율 높이기 사업 등으로 주민등록 미전입자의 익산시 주민등록 등록하기 정책(익산애(愛) 주소 바로 갖기) 등을 지속해서 실시하고 있기에 등록자와 실거주자의 수에는 차이가 있다.

마을 주민은 대부분 농업에 종사하며 벼농사를 중심으로 고구마, 고추, 깨, 콩 등의 밭작물을 재배하고 있다. 이들 작물은 자가소비가 가장 많았으며 농협이나 주변 시장에 팔거나 지인의 식당 등에 소규모로 공급하고 있었다. 마을 주변으로는 넓은 친환경 농업단지가 있는, 우리나라에서 쉽게 찾아볼 수 있는 평범하고 조용한 전형적인 평야 지대 농촌 마을이다.

---

4 국립환경과학원, 『전북 익산시 함라면(장점마을) 환경오염 및 주민건강 실태조사』, 보고서, 2018, 188쪽.

환경 갈등의 시작과 변화

마을 주변의 공업 시설은 1990년대 후반 설립된 흙벽돌 제조 공장이 유일했다. 설립 당시 주민 10여 명은 이 벽돌 공장에 취업하여 농업 이외의 고정 수입이 생김으로써 자녀 교육비 마련 등 가정 경제에 큰 도움을 받았다고 한다. 이 공장은 2000년 폐업하였고, 2001년 비료 공장으로 바뀌었다.

〈그림 2〉 마을 중심에서 바라본 비료 공장(2018.3.14. 저자 촬영)

이렇게 흙벽돌 공장이 비료 공장으로 바뀌고, 2001년 10월경 공장이 가동되자 마을에 변화가 나타나기 시작했다. 지형 특성상 비료 공장은 마을 주변에서 가장 높은 함라산 중턱에 있어서 공장에서 배출되는 유해 물질이 그 골을 타고 내려오는 바람과 물을 통해 장점 마을에 영향을 미쳤다. 즉 공장에서 배출되는 각종 악취와 매연, 먼지는 기류를 타고, 폐수는 저수지나 농수로를 거쳐 마을까지 내려왔다. 이렇게 공장에서 배출되는 악취와 매연, 폐수 등은 자연

환경을 오염시켰으며, 주민들의 주거 및 일상에도 부정적인 영향을 끼쳤다.

〈그림 3〉 공장에서 내려보이는 마을(2017.7. 드론 촬영. 저자 제공)

공장 가동 초기부터 배출된 매연과 악취 등은 마을 주변 및 인근 10여 마을에까지 확산하였으며, 주민들은 공장, 지방자치단체에 수시로 민원을 제기하고 신문, 방송 등 언론기관에 제보하고 공장 진입로를 봉쇄하는 등 다양한 형태의 저항 운동을 계속했다. 이는 당시 지역 신문의 보도 내용으로도 짐작할 수 있다.

(2001년 10월 21일 기사)인근 주민들은 비료를 만드는 과정에서 동물 내장이나 음식 찌꺼기 등을 이용해 퇴비를 만들 경우 이에 대한 악취를 우려해 공장 가동을 반대하고 있다. 그동안 마을 단위로 공장을 찾아 반대 의사를 표하던 주민들은 오는 17일을 전후해 주민 대표단을 구성하고 함라 농민회와 같이 활동을 벌이기

위해 협의에 들어가는 등 조직적 대응을 준비하고 있다.[5]

(2002년 3월 25일 기사)익산시 함라면 장고재 임남, 장점 마을 등 10곳 이상의 마을들이 악취 고통을 호소하기 시작한 것은 지난해 10월 신목리 산 중턱에 유기질 비료 공장이 들어서면서부터. (중략) 함라면민원대책위원장 이○○(54, 임남) 씨는 "비료 공장이 가동하면서 나오는 악취와 분진 때문에 정상적인 생활이 불가능하다"면서 "돼지 등 가축들이 시름시름 앓다가 죽어가고 있다"고 주장했다. (중략) "두통은 물론 구역질 때문에 농민들이 논밭을 나가기 힘들 정도"라고 말했다. 대책위와 주민들의 항의가 거세지자 비료 공장 측은 "(2002년) 5월 24일까지 공해 방지 시설을 설치하고 이를 이행하지 않을 경우 조업을 폐쇄하겠다"는 요지의 각서를 익산시청과 주민대책위에게 제출해 "악취 소동"은 일단락되는 듯했다. 그러나 주민들은 다시 공장으로 통하는 진입로를 막고 농성을 벌이고 있다. 각서를 제출하고 공해 방지 시설을 약속했던 비료 공장 측이 약속을 이행하지 않고 있다는 것이다.[6]

특히 2002년에 주변 마을 초등학교 6학년생 어린이가 일기에 "방과 후 집으로 돌아올 때면 나도 모르게 손은 어느새 코로 가 있다. 나는 처음 텔레비전에서 공해가 심하다고 할 때 그렇게 심할까 했다. 그런데 겪어 보니 너무 지독하다"[7]라고 썼을 정도로 악취 피해가 상당히 심각하였던 것으로 보인다. 이 때문에 주변 마을들의 민원이 급증하였고 익산시는 공장에 벌금을 부과하기도 하였으며, 공장 측은 익산시청과 주민들에게 '공해 방지 시설을 설치하겠다는

---

5   이경희, "[익산] 비료공장 악취우려 주민 반발", 『새전북신문』, 2001.10.21.
6   이명환, "숨이라도 제대로 쉬고 살아야지...", 『주간익산내일신문』, 2002.3.25.
7   이명환, 앞의 기사(2002.3.25.)

각서'를 쓰기도 하였으나 시설 보완 및 방지 시설 설치 등은 이행되지 않았다. 또 초기에 흙벽돌 공장에 근무하였던 3, 4명의 주민이 비료 공장에서도 근무하였는데 열악한 작업환경과 악취, 먼지 등의 이유로 퇴사하였다고 한다. 당시 근무자는 "○○ 아빠가 항상 내가 기침하고 아픈데 공장에 가니 (중략) 그날은 못 참겠기에 공장에 한번 찾아왔다가 앞이 안 보일 정도로 먼지가 자욱하고 마스크도 검게 변한 상태를 보고 나를 끌고 내려왔다"라고 할 정도로 작업환경이 열악했다고 한다.

이러한 주민들의 이야기에서도 알 수 있듯이 초기에 마을 주민들은 비료 공장을 새로운 수입원으로 인식하여 공장 가동에 거부감이 없었던 것으로 이해된다. 하지만 지형 특성상 공장에서 배출되는 다양한 형태의 유해 물질이 마을 주변으로 확산하면서 일상생활에도 영향을 주었으나 지자체는 공장 관련 민원에 미온적인 대응함으로써 열악한 노동환경은 공장과 주민 간의 갈등을 심화시켰다.

환경 악화는 삶의 변화를

주민들이 기억하는 환경 변화 중 감각적으로 확인 가능한 것은 대부분 공장에서 배출하는 매연과 악취, 폐수였다. 공장이 가동되면서 악취와 매연이 가장 심하게 고통을 주었으며, 이로 인한 육체적·정신적 피해는 주민들의 의식주 및 경제적 피해, 공동체 생활 등에도 지장을 주었다. 각 오염원에 따른 주민들의 건강 및 환경의 주요 변화 내용은 주민들의 증언을 통해 상상할 수 있다.

〈표 1〉 오염원에 따른 주요 피해 호소 내용

오염원	형태	주요 내용
악취	- 밤낮없이, 밤엔 더 심하게 - 코를 찌르는 독한 냄새 - 마치 동물이 썩는 냄새 - 목이 컥컥, 코가 펑 뚫리는 느낌 - 조금 있으면 머리가 지끈지끈, 속도 울렁울렁 - 저기압, 비 오기 전, 바람의 방향에 따라 강도가 변함. - 주변 10개 마을 인근 군산 서수면에도 영향	"밤낮 관계없이 명절에도 나더라. (중략) 맡으면 기분이 나쁘고 머리가 아프다. 두통약을 박스로 구매해서 두고 먹었다." "친정이 함라인데도 우리 동네까지 날 때가 있었다." "이 냄새가 지독해서 울렁거리고 메슥거려서 농사일을 할 수가 없어서 돌아갔다." "너무 심해서 호흡곤란으로 쓰러져 응급실로 실려 갔다."
매연 (연기, 그을음)	- 밤낮없이 - 밤엔 검고, 낮엔 하얀 연기 - 매캐한 연기 - 숨이 턱턱 막힘 - 검댕(그을음) 및 먼지(식물에 닿으면 기름때처럼 변함) - 끈적끈적 검댕 - 저기압, 비 오기 전, 바람의 방향에 따라 강도/정도가 변함.	"민원을 넣으니 (중략) 낮에는 하얀 연기, 밤에는 검은 연기, 눈에 안 띄게 내더라. (중략) 새벽에도 검정 연기 심하고 새벽 3, 4시쯤 (숨이 막힐 정도로) 너무 고약했다." "숨이 턱턱 막혀서 외출할 수가 없었다. 밤에는 외출할 수 없었다." "오후 5, 6시쯤 되면 애들을 집안으로 보내야 했다. 연기가 ○○교회까지 안개 낀 것처럼 깔려 있다."
	- 2015~2016년부터는 조금 나아진 듯.	"고추 수확을 하는데 장갑이 시커메지고, 찐득찐득해졌다." "빨래/장독에도 검은 재 같은 것이 묻기도 하고, 비 온 뒤 청소를 하면 검은 것들이 쌓여 있었다."
폐수 (저수지 및 지하수 변화)	- 큰비가 내리면 공장 쪽에서 흘러 내려오는 무단 방류된 검은 폐수 - 공장 및 저수지의 기름띠 - 미끈미끈하고 담아 두면 이끼가 끼는 지하수	"비라도 오면 마을회관 옆 수로까지 검은 물이 내려왔다." "나무/작물에 물을 주었더니 죽어(고사) 버렸다." "하우스 지하수가 냄새가 나고 하루도 안 되어 이끼가 낀다." "지하수를 받으면 위에 기름띠가 보인다."

회피하기 위해 노력했지만

이러한 갑작스러운 변화들은 주민들도 쉽게 맨눈으로 확인할 수 있었으며 그들 나름대로 피해 갈 방법을 찾아 '회피'하기 위하여 노력했다. 예를 들어 매연이 마을 전역으로 안개처럼 낮게 깔리면 외출을 자제하였으며 많은 가정에서 무더운 여름날에도 창문을 닫을 수밖에 없어서 결국에는 에어컨을 설치했다. 먼지(검댕)로 인하여 흰색 세탁물의 건조는 가능하면 집안에서 해결하였으며 장독 뚜껑도 그나마 매연이 덜한 날 조심스레 열어 둘 수밖에 없었다. 그리고 그 효과는 증명할 수 없었지만 밤에 악취를 조금이라도 적게 맡기 위하여 집 안에서는 최대한 몸을 낮추는("텔레비전 시청은 누워서") 주민도 있었다. 또 공장 쪽 벽에 가림막을 설치하고 냄새가 심하면 최대한 야외 활동을 줄였다고 한다.

농사일을 할 때도 큰비가 오면 함라산 쪽에서 마을을 거쳐 흘러내려오는 폐수 때문에 항상 사용 전에 확인하고 색이나 냄새 등에 이상이 없다고 판단될 때만 사용했다. 그리고 농작물에 검댕이 내려앉아 작물(특히 고추)에 피해를 주면 그 부분을 도려내거나 물로 씻어서 제거해야 하는 번거로움이 있었다.

"여기가 사실 아래뜸(아랫마을)보다 좀 높잖아요. 여기서 보면 저녁때 5시, 6시, 7시쯤 되면 안개처럼 매캐한 것이 쫙 깔리거든요. (중략) 그런데 어둑해지면 여기까지 안개 낀 것처럼 돼요. 그러기 전에 보고 빨리 마당에서 노는 애들을 다 데리고 안으로 들어가서 안 나왔어요. 어른이 맡아도 힘든데 애들은 혹시나 병이라도 걸릴까 봐 저녁에는 나가지도 못하게 했어요."(L, 40대, 여)

"우리 집은 게○○(두통약)을 항상 박스로 사서 놓고 먹었어요. 맨날 두통이 심해서. 냄새 생각하면 진저리가 나. (중략) 우리 아버지가 (암으로) 돌아가시기 전까지 고추 농사를 많이 했어요. 마을에 있는 비닐하우스 세 동을 매년 하다가 (중략) 내가 (익산) 시내에 살면서 왔다 갔다 했어요. 고추 딸 때 도와주러 왔는데 장갑이 시커메지더라고요. 쩐득거리고. 꼭 기름때처럼. (중략) 그래서 딴 거를 물에 넣고 하나씩 씻어서 (기름때를) 다 제거하고 건조기에 말리고 그랬어요. 잘 벗겨지지 않아서 힘들었죠."(P, 50대, 여)

이러한 행동들로 볼 때 전혀 불편함이 없었던 주민들의 일상과 생업 활동은 공장 가동 이후 제약이 많아졌으며 더욱이 집안에서도 편하게 휴식을 취할 수 없었던 것으로 보아 심리적으로도 상당히 영향을 받았을 것으로 보인다.

〈표 2〉 회피를 위한 행동

오염원	조금이라도 잘살기 위한 주민들의 회피 행동
매연 (연기, 그을음)	○ 공장 쪽으로 가림막 설치 ○ 문과 창문은 모두 닫아 두기 ○ 밤에는 더욱 심하여 최대한 외출 자제 ○ 마당 옥상 등 자주 물청소 ○ 장독 뚜껑 항상 덮어 두기 ○ 세탁물, 채소 등은 최대한 실내에서 말리거나 비닐 등을 덮어서 말림 ○ 고추 등 농작물을 수확하거나 말릴 때에는 검댕이나 먼지 등을 제거
악취	○ 최대한 집 밖으로 나가지 않으며 외출 시 차량 등을 이용하여 외부 공기와의 접촉을 최소화 ○ 어린아이들의 외출 및 실외 놀이 제한 ○ 문과 창문 모두 닫아 두기 ○ 악취로 문을 열 수 없으므로 에어컨 설치 및 가동 증가 ○ 공기 정화 식물(화분)을 실내에 배치 ○ 몸을 최대한 바닥에 가깝게 ○ 특히 밤에는 악취가 더 심하고, 여름철에도 외출이 힘들므로 '밤마실 문화', '마을 회관 친목 모임' 등이 거의 사라짐.
폐수 (지하수 영향)	○ 식수로 지하수 이용 금지→약수, 생수, 정수기 이용 ○ 농수로 물 사용 시 반드시 확인 ○ 상수도 이용 권장 ○ 저수지 낚시 금지 ○ 낚시한 물고기 등 먹기 금지 ○ 우렁이, 수생식물 등이 저수지에서 사라져서 채집 못 함. ○ 저수지 미역 감기, 수영, 오락 불가능

주변이 변하고

공장이 가동되면서 공장 주변의 저수지(장점지), 숲, 농경지는 물론이고, 식수로 이용하던 지하수에도 문제가 발생했다.

과거 마을 주변 숲과 들에는 토끼, 꿩, 각종 조류 등 다양한 야생동물이 서식하고 있어서 겨울철에는 토끼 사냥을 하기도 하였고, 숲속에는 식용 버섯이 많이 자생하여서 따다 먹는 주민들도 있었다. 하지만 공장 가동 이후로는 숲에서 야생동물을 찾아보기 어려워졌으며, 야생동물의 사체를 어렵지 않게 관찰할 수 있었다. 그리고 식용 버섯은 점차 사라지고 이전에 보이지 않던 이상한 버섯이 흔하게 발견되었다고 한다.

> "우리 아버지가 살아 계실 때 공장 뒤쪽 산으로 항상 버섯을 따러 다녔어요. 거기 죽은 나무도 많고 하니까 버섯이 많았거든요. 그런데 언젠가부터는 산에 안 가더라고요. 산에 올라가면 독버섯만 있고, 따다가 숨이 컥컥 막혀서 다시 돌아왔다고 하더라고요."(K, 60대, 남)

공장 아래쪽에 위치한 저수지인 장점지는 함라산 골짜기를 타고 내려오는 물이 모이는 곳으로 예로부터 주민들이 물놀이를 할 정도로 깨끗하였다고 한다. 저수지 및 주변 수로는 붕어, 우렁이, 가재 등 다양한 물고기 및 갑각류가 서식하고 있어서 낚시도 많이 하였으며, 주민들은 물고기나 우렁이를 잡아서 식용하거나 판매하기도 했다. 그리고 저수지를 거쳐 수로로 흐르는 물로 빨래를 하는 등 생활용수 및 농업용수로 이용했다. 그러나 비가 내리는 날이면 마을회관 옆 수로에까지 정화되지 않은 검은 물(폐수)이 공장에서 바로 흘러내렸다. 폐수는 고약한 냄새와 함께 농작물에 피해를 주었다.

"여기 물이 참 좋았어. 저수지 위 산에서 내려오는 물이 엄청 맑아서 지금도 가재가 있으니까. 그때는 아래까지 엄청 많았지. 지금도 산 위쪽으로, ○○ 집 위로 가면 있어. (중략) 밭에 갈 때 옷을 그 물(수로에 흐르는 물)로 빨아서 걸쳐 두고 오면서 다시 입고 그럴 정도였지."(J, 60대, 남)

이러한 폐수와 관련하여 주민들이 가장 많이 기억하는 일은 '장점지 물고기 떼죽음 사건'(2010년 9월, 2016년 9월)이다. 공장에서 무단 방류한 폐수가 아래에 있는 장점지로 유입되면서 저수지의 물고기들이 폐사한 사건으로 공장과 저수지 사이에 사는 주민이 다른 주민들과 언론에 제보하면서 이슈화되었다. 당시 그 주민의 자녀가 방송국에 제보하였으며 한동안 지역 언론 매체에 소개되었다. 그러나 공장에서는 2016년 9월 폐수 방류와 관련하여 "농사에 쓰이는 비료이고 행정 당국의 허가를 받은 비료인데 폐기물로 취급하는 것이 말도 안 된다. 인근 농가에서 밭에다가 소 분뇨를 뿌려 놓았던 것이 비가 오면서 저수지로 유입됐을 가능성도 배제할 수 없다"[8]라며 폐수 방류를 인정하지 않았다. 두 사건 모두 시에서 실시한 수질 성분 검사에서 문제가 없다는 분석 결과까지 나오면서 익산시의 미온적인 대처에 주민들의 실망이 커졌다.

이러한 자연환경의 변화를 경험하는 과정에서 마을 위쪽에 위치한 공장의 환경과 대응 방식, 폐수 무단 방류로 인한 저수지 오염,

---

8 문명균, "함라 농업용 저수지 수질오염. 주민 원인 규명 촉구", 『익산신문』, 2016.9.22.

주민 중 환자의 증가 등은 지하수를 생활용수로 사용하는 주민들을 더욱 불안하게 했다. 공장이 가동되면서 일부 지하수에서는 냄새가 나거나 기름띠가 보이고, 담아 둔 물에서 이끼가 발생하는 등의 현상이 나타났다. 마을에서는 2008년부터 상수도 급수 시설(간이 상수도)을 구축하기 시작하였으나 희망자에 한하여 일부 자부담으로 설치하였기 때문에 10여 가구는 설치하지 않았고, 설치하였어도 상수도 요금이나 식습관 등을 이유로 이용하지 않는 사람들도 있었다. 이에 물을 끓여 먹거나 생수를 사다 먹는 가정이 늘었고, 일부 가정에서는 "마을의 환경이 좋지 않기 때문에 지하수가 오염될 수도 있다"라는 자녀들의 성화로 상수도 급수 시설이나 정수기를 추가로 설치했다.

> "우리 어머니랑 아버지가 아프니까 가능하면 밖을 안 나가고요. (중략) 내가 먹는 거라 세차만 지하수로 하고. 저기 보이죠? 그 텃밭은 호수를 길게 빼서 (상수도로) 물을 줘서 먹고 있어요. 한번 이상하다고 생각하니까 못 쓰겠더라고요. (중략) 물값이 많이 나와도 써야죠."(C, 50대, 여)

주민들은 오랜 세월 공유 자원(자연)으로 편리하게 활용하던 숲이나 물 등의 변화를 보면서 그 피해가 자신들에게도 직간접으로 영향을 미칠 수 있다는 것을 조금씩 체험하게 되었다. 특히 저수지나 수로의 물, 지하수 등 물이 좋았던 과거의 기억이 있어 생활용수나 농업용수에 대한 신뢰가 컸으나 점차 다양한 형태로 오염이 발생하면서 그 신뢰감이 사라지고 있었다. 그리고 물 사용료는 고령자 및 독거노인에게 경제적 부담으로 작용했다.

아픈 사람이 늘고

공장이 가동되면서 주민들에게 가장 심각한 고통을 준 것은 악취, 매연, 분진, 폐수 등이다. 당시 공장은 거의 24시간 가동되었고, 굴뚝의 매연과 함께 극심한 악취 및 분진이 함께 발생하였으며, 검은 폐수가 마을까지 흘러 내려왔기 때문에 '물'도 건강에 영향을 주었다고 생각하고 있었다. 이러한 상황에서 주민들이 호소하는 건강 및 질병 관련 영향을 살펴보면 다음과 같다.

공장에서 배출되는 악취 및 매연은 배출 강도 및 바람의 방향 등에 영향을 받았고 특히 비가 오기 전이나 해질 녘, 밤중, 새벽에 더욱 심각하였다고 한다. 이로 인해 주민들은 일상생활 속에서 호흡 곤란, 극심한 두통 및 구역질, 속쓰림, 집중력 저하, 수면 장애 등 건강상의 이상을 느꼈다. 야외 작업 도중 극심한 두통, 쓰러짐 등으로 응급실을 찾은 주민들도 있었다.

> "우리는 아저씨가 새벽 3, 4시쯤 화목 보일러에 나무를 넣어야 해서 항상 새벽마다 깨서 공장 쪽을 보면 별도 보이지 않고 시커먼 연기가 나서 숨을 못 쉴 정도라고 하면서 나무만 넣고 바로바로 들어왔어. 그때는 그렇게 말해도 그냥 그런 줄만 알았지. 나쁜 것인 줄 알았간. (중략) 등에 시커멓게 뭐가 비늘처럼 벗겨지고 갑작스럽게 쓰러져서 병원 응급실에 실려 갔는데 그 후로 며칠 못 가서 (큰 병원으로 가서) 손도 못 쓰고 하늘나라 갔지. 지금도 생각만 하면 원통하지."(L, 70대, 여)

> "손녀가 (아무 문제 없다가 마을에) 오면 비염 때문에 숨을 못 쉬지. 차에서 내려오지도 못하고, 집 밖으로 나오라고도 못 했지. (중략) 우리 사위는 차에서 내리지도 않고 냄새난다고 그냥 가기도 했

어."(S, 70대, 여)

그중 가장 많은 주민에게서 나타난 현상은 두통과 가려움증이었다. 당시에는 원인을 알 수 없어 근본적인 치료가 불가능하였고, 주민 대부분은 "함라면의 의원들을 비롯하여 익산 시내에서 피부병을 잘 고친다고 하는 병·의원들을 다 다녀도 고칠 수 없었다"라고 할 정도로 가려움증과 홍반 등의 피부 증상으로 지속적인 고통을 받았다고 한다.

또 암을 포함한 각종 질병 환자도 증가했다. 특히 2012년부터 암 발생이 증가하였는데 2018년 7월까지 암으로 인한 사망자가 15명, 투병자가 11명이었다.[9] 이 수치를 두고 언론은 이렇게 보도했다. "2015년 보건복지부 암 발병률 조사에 따르면, 국내 성인 10만 명당 445명에서 암이 발생해 평균 발병률은 0.45%이지만, 장점 마을 암 발병률은 25%로 전국 평균의 50배"[10]가 넘는다고 암 발병 역학조사 촉구 건의안의 내용을 전하며 그 중대성을 강조했다.

그 후에도 암으로 인한 사망자가 1명 늘었으며 2021년 2월에는 3명이 추가되어 마을 통계에 의하면 사망자는 16명, 투병자는 13명에 이른다. 암의 종류는 피부암, 폐암, 위암, 담관암, 간암 등으로 다양하였으며, 암 환자의 거주지는 공장 쪽에서 불어오는 바람의 영향을 많이 받는 곳이 상대적으로 많았다. 이처럼 암 환자가 계속 증

---

9 국립환경과학원, 『전북 익산시 함라면(장점마을) 환경오염 및 주민건강 실태조사』, 보고서, 2018, 199-200쪽.

10 익산시 함라면 장점마을 암 발병 역학조사 촉구 건의안 내용 중 일부임. 뉴스팀, "전북 익산 장점마을은 왜 '암 집단 발병지'가 되었나", 『세계일보』, 2018.1.23.

가하면서 주민들은 '마을의 환경 악화가 심각하다'라는 것을 직간접으로 인지하게 되었고, 그동안 악취, 매연, 폐수 등으로 주민들을 힘들게 하였던 공장과 질병의 관련성을 의심하게 된 것이다. 또 암 외에도 치매, 뇌 질환 관련, 당뇨, 정형외과 관련, 기관지, 두통, 우울증 등 다양한 질환을 호소하는 주민이 늘었고, 이들은 가까운 함라면이나 익산 시내의 병원 및 보건소에서 정기적으로 치료를 받고 있었다. 그러나 원인 불명인 경우가 많아서 쉽게 치료가 되지 않았다고 하며 감기에 걸려도 한두 달은 병원에 다녀야 차도가 있었다고 한다.

> "추석이나 설날이나 가족이 다 모이면 말하잖아요. 옆집 뒷집 누가 죽었다더라. 그런데 ○○네 어머니 아버지가 한꺼번에 돌아가시고, 또 그 옆에 친하게 지내는 아저씨 아주머니가 또 연달아 죽고. 그런 이야기를 들으면서 공장 이야기를 하게 되었죠. 무섭잖아요. 혹시나 우리 부모님이 그것 때문에 아픈가도 싶고. (마을 지하수) 물을 먹어야 하나도 싶고. (중략) 주변 어르신이 하나씩 돌아가시니. 이곳에서 피해를 주는 곳은 딱 한 군데뿐이잖아요. 당연히 공장을 의심한 거죠. 다들 그래요."(C, 50대, 여)

2012년부터 마을 내에서 암으로 인한 사망자 및 투병자가 급증하면서 '악화한 마을 환경은 건강에도 영향을 줄 수 있다'라는 의심을 주민 스스로 갖게 되었다. '물고기 떼죽음 사건'이 언론에 보도되면서 시민단체는 물론 환경 전문가, 정치인 등 그 관련성에 관심을 가지는 사람이 늘었고 마을에서는 주민대책위원회를 구성하는 원동력이 되었다. 이는 향후 '환경오염 및 주민 건강 실태 조사'라는 역학조사를 실시하는 배경이 된다.

농사짓기도 힘들고

주민들은 90% 이상이 벼농사를 중심으로 하는 농업에 종사하며 고구마, 고추, 깨, 콩 등의 밭작물을 재배하여 소규모로 주변 시장(익산, 군산시)에 직접 판매하고 있다. 마을은 예부터 "주변 마을 중 잘사는 마을 1, 2위"에 속할 정도로 주변 마을에 비하여 상대적으로 부지런하고 많은 경작지를 소유하고 있었으며, 자녀 교육에도 관심이 많아서 중학생 이상이 되면 도시로 유학 보내서 학업이나 취업을 하도록 했다.

그러나 공장이 가동되면서 생업인 농업 경영에 직간접 피해가 발생했다. 먼저 야외 작업을 위주로 하는 주민들은 악취가 심하면 작업 도중 귀가하기도 하였고, 질병으로 병원 출입이 잦아져서 농업 생산성에도 지장을 주었다. 공장 가동 초기에 근무하였던 한 주민은 열악한 작업환경 속에서 감기를 달고 살았으며, 후에 피부암으로 수술을 받았다. 결과적으로 젊은층이 적은 마을에, 암으로 인한 사망자와 각종 질병에 걸린 환자가 증가하면서 생업인 농업을 포기하는 사례가 증가하여 조사 당시 3, 4가구만이 실질적인 전업농으로 활동하고 있었다.

"우리 동네가 원래 엄청 부지런했어요. 이 일대 논밭은 다 우리 동네 사람들 것이었어요. 다른 동네 사람들은 이렇게 일 안 해요. 놀 때는 놀고 그래요. 그런데 우리 아버지도 그렇고 새벽에 일을 나가면 늦게까지 하고 왔어요. 주변 사람들이 (동네 주민들을) 일벌레라고 할 정도였어요. (중략) 우리도 이 근처 논을 많이 가지고 있었는데 (아버지가) 대상포진으로 5년 이상 아파서 나가질 못하니 다 임대 주고 팔고. 지금은 앞 텃밭밖에는 하지 못 해요. (중략) 그렇게 해서 우리 형제들 다 가르치고 나도 서울에서 직장 생활 하다가 (아픈) 부모님 돌보려고 몇 년 전에 내려왔지. 다들 도시에서 잘살고 취직하고 그랬어요."(C, 50대, 여)

농작물 피해도 직접적으로 나타났다. 예를 들어 끈적한 (기름) 검댕이 농작물(고추)에 떨어져서 한 해 농사를 망친 경우, 공장 주변 밤나무 120그루가 고사한 경우, 폐수로 물을 줬다가 밭농사를 망친 경우, 농작물 잎에 검댕이 떨어져 판매할 수 없게 된 경우 등을 들 수 있다. 특히 공장의 유해 물질 피해가 언론에 자주 등장하면서 '유해 마을 농작물 소비 거부'가 늘었고, 자녀들까지도 마을 주변에서 재배되는 농작물에 대한 불신이 커졌다. 이는 시장에서의 판로를 막는 결과를 불러왔으며 자연스럽게 주민들의 경제적인 피해로도 이어졌다.

"부모님이 살아 계실 때 비닐하우스 세 동에서 고추 농사를 수년째 했는데 아버지가 살아 계실 때 고추를 심으면 고추가 새까맣고 끈적끈적한 것들이 묻어 있고 잘 씻어지지도 않았어요. 장갑이 끈적끈적할 정도였으며 다른 집보다 유난히 심했던 기억이 나요. 2014년까지 고추 농사를 지었는데 따서 물에 씻어서 말려야 했죠. (중략) 언니네가 시내에서 식당을 하는데 처음엔 여기서 농사 지어서 무공해라고 다 공수해 갔어요. 그런데 3, 4년 전 (언론을 통해) 공해 문제가 심각한 곳이라고 알려진 뒤부터는 일체 안 가져가고 있어요."(P, 50대, 여)

"우리 딸은 (방송을 통해 소식을 듣고) 이번 김장할 땐 자기 김치 담그지 말라고 하더라고. 지금까지 나도 잘 먹고 저도 잘 먹었으면서. 아무 이상 없는데 그렇게 말하니까 너무 서운해서 밤에 울었다니까."(L, 70대, 여)

주민들은 공장이 처음 설립되었을 때 경제적인 측면에서 새로운 수입원으로 인식했다. 하지만 야외 작업을 해야 하는 농업의 특성상 노동환경과 농작물에도 영향을 주었으며 육체적 정신적 피해로도 이어졌다. 즉 흥미롭게도 공장은 한동안 일부 주민에게 안정적인 수입을 제공하였으나 질병을 남긴 셈이다. 더욱이 환경오염 지역이라는 인식과 이미지가 확산하면서 농작물 재배뿐만 아니라 판매와 관련한 염려도 발생했다.

주민들 사이도 나빠지고

환경 피해는 집단으로 발생하는 것으로 개인의 문제를 넘어 마을과 지역의 범위에서 함께 고민해야 하는 사회적 고통의 하나이다. 공장이 가동되면서 마을 공동체 내 갈등이 증가하였고 가족 간의 왕래 감소 등으로 인한 삶의 질 하락도 주민들은 경험했다. 구체적으로는 악취로 인한 야간 및 야외 활동의 제약 때문에 주민 친목 모임이 줄었고 심리적 불편함과 불안감이 증폭되었으며, 이는 주민 화합에도 영향을 주었다. 또 악취로 인한 피해를 염려하여 타지에 거주하는 자녀들의 고향 방문을 자제시키거나 방문하더라도 견디지 못하고 바로 되돌아가기도 했다. 더욱이 오염 지역이라는 이미지가 언론에 반복적으로 보도되면서 공장 폐쇄 이후에도 마을의 이미지는 더욱 실추했다. 마을과 공장 주변으로는 "사람 죽인 비료 공장 즉각 폐쇄하고 주민에게 보상하라", "시골 마을에 암이 웬 말이냐. 우리도 건강하게 살고 싶다", "고통 속에 죽어 가는 형제자매 구하자", "주민들은 집단 암 고통 속에서 죽어 간다. 정부는 주민 대책 세워라" 등 주민들의 의견을 담은 현수막들이 설치되어 있었다. 이것은 주민들의 의지를 나타내기도 하였으나, 그만큼 마을 환경의 심각성을 홍보하기도 했다.

"우리 며느리는 여기 올 때 항상 생수를 사 왔어. 그 물로 밥도 하고 자기들 먹으려고. (중략) 냄새나고 연기 나니 물도 못 먹을 거라고 하면서 꼭 사 오더라고. (중략) 오래 있기는. 머리 아프고 어린애들 칭얼대고, 긁고 해서 (길게 머물지 못하고 바로) 가야지. 속상하지만 어째."(L, 70대, 여)

"택시 타고 장점 마을 가 달라고 하면 아직도 어떻게 거기에 사느냐고 했고. 현수막 이런 거 막 붙어 있는 것 보면 더 내가 이상한 마을에 사는 것 같고 했어요. (중략) 우리 친구들은 애가 어린데 왜 거기서 사느냐고 이사하라고 하기도 했어요. 그런데 그게 (이사가) 쉽지 않잖아요. 다들 쉽게 그렇게 말하는데 내 사정도 모르고 그렇게 말하니 정말 힘들더라고요."(J, 30대, 여)

주민들은 수년 동안 개별적으로 공장과 직접 타협하거나, 혹은 단체로 저항 운동을 하기도 하였으며 지자체에 계속 민원을 제기하였지만 근본적인 해결 방안을 제시받지 못했다. 그 과정에서 마을 공동체 간의 갈등도 유발되었는데 돈이나 비료를 받은 사람, 공장 옹호자, 직접 공장에 항의하는 주민, 항의를 포기한 주민, 무관심한 주민 등으로 자신들의 이익과 상황에 따라 다양한 태도를 보였으며 이는 마을의 단합과 화합에 부정적인 영향을 주었다. 즉, 마을 공동체 내 갈등이 심화했다.

> "아무 소용없었다. 같이 신고하고 막고 농성했는데 마을 사람들이 함께 농성하다가 ○○이 공장 사무실로 왔다 갔다 하더니 데모를 그만하자고 하더라. 아니면 (농성을 계속하면) 잡혀간다고 하더라. (중략) 누구는 돈 받고 누구는 비료도 받고 말은 안 해도 다 안다. 못 받은 것이 바보라고도 했다. (중략) 그다음부터는 안 했다. 나만 손해더라. 나만 바보 되더라. 말도 안 들어주는데 해서 뭐하냐. 변한 것이 하나도 없는데."(J, 70대, 남)

특히 물고기 떼죽음 사건이 한동안 여론을 형성하였고 지자체가 관심을 보이면서 마을의 환경문제가 바로 해결되는 것처럼 생각하였으나 언론의 집중 보도는 3, 4개월 만에 사라지고 공장은 여전히 가동되었다. 이러한 일이 반복되면서 주민들은 지자체를 더욱 불신하게 되었으며 자괴감과 무력감에 빠져들기도 했다. 무엇보다도 그 저항 과정에서 마을이 분열되고 다양한 의견을 모두 수용할 수 없는 상황들이 발생하면서 주민 화합에도 영향을 미쳤다.

3
군산 서수면 농공단지와 주변 마을

2021년 이른 봄, 코로나19로 사람을 만나는 것이 여전히 조심스러웠던 시기에 나는 서수마을 환경오염도 조사에 참여하게 되었다. 한 마을 이장의 강력한 요청으로 군산시는 농공단지 주변 4개 마을을 대상으로 조사를 진행했는데, 이는 바로 옆 장점 마을 사건 덕분에 환경 역학조사 신청의 문턱이 낮아진 결과이기도 했다.

서수면 마을들의 첫인상은 의외였다. 마을회관에 모인 주민들은 지금까지 내가 다녀온 다른 마을들보다 상대적으로 젊었고, 자신의 의견을 주저하지 않고 솔직하게 털어놓는 모습이 인상적이었다. 세 마을 모두 농공단지를 길 건너에 두고 있다는 공통점을 지니고 있었지만, 지형적 조건과 주변 환경이 달라서 갈등의 양상은 서로 닮으면서도 또 달랐다. 결론부터 말하자면, 내기 마을이나 장점 마을처럼 정부의 역학조사 대상이 될 정도의 피해 지역은 아니었다. 그러나 이번 조사의 의미는 분명했다. 주민들의 환경오염에 대한 불안과 민원을 일정 부분 해소해 주었고, 동시에 마을 주변 기업들에게는 주민들이 환경 문제를 예의주시하고 있다는 사실을, 지자체에는 민원 해결 의지를 보여줄 필요가 있다는 사실을 확인시켜 주는 계기가 되었기 때문이다.

농공단지와 주변 세 마을

서수면은 전라북도 군산시 동북쪽에 위치한 지역으로 '상서로울 서(瑞)'와 '이삭 수(穗)'로 이뤄진 서수(瑞穗)라는 명칭은 풍년을 바란다는 뜻이다. 1914년 4월 옥구와 임피 등 2개 군을 통합하는 과정에서 기존 21면이 10면으로 통폐합되면서 일본인 농장주의 제안으로 당시의 동일면(東一面)과 동이면(東二面)을 합하여 '서수'라고 정한 것으로 알려진다.[11] 현재 서수면은 서수리, 축동리, 관원리, 마룡리, 화등리, 금암리의 총 6개 이 안에 31개 마을이 있다. 동쪽으로는 만경강 지류인 탑천을 경계로 익산시 황등면, 남쪽으로는 임피면과 익산시군 오산면, 서쪽으로는 임피면과 나포면, 북쪽으로는 나포면과 익산시 함라면과 경계를 이루고 있다. 서수면 서북쪽으로는 망해산과 취성산 등 고도 200m 내외의 구릉성 산지가 분포하며, 남쪽으로는 탑천 유역의 넓은 충적평야가 있어서 지명의 유래처럼 쌀 생산 중심의 농업 지역이다.

서수면의 공업지역으로는 1991년에 준공하여 운영하는 동군산산업단지(28만9000㎡, 옛 서수농공단지)가 있다. 2014년 9월 군산시는 '농공단지'라는 단어의 부정적 이미지를 탈피하기 위하여 군산 시

---

11 신성용, "군산시 서수면민 명칭 일제 잔재 털기 화제", 『쿠키뉴스』, 2019.2.14.

내 모든 농공단지의 이름을 '산업단지'로 바꿨다. 그 결과 서수농공단지는 동군산산업단지, 옥구농공단지(1995년 준공)는 서군산산업단지, 성산농공단지(1993년 준공)는 성산산업단지, 임피농공단지(2014년 준공)는 임피산업단지가 되었다.[12]

서수농공단지는 1991년에 준공하여 기반 시설이 노후하였으므로 노후 생산 기반 시설의 정비 및 확충을 위하여 2011년부터 2015년까지 1단계 사업, 2016년부터 2020년까지 2단계 정비 사업의 대상이 되었다. 2013년에는 보수공사를 하여 환경 기초 시설인 오폐수처리장을 증축하고, 부족한 공업용수 해결을 위해 관정을 정비하고 물탱크를 증설하였으며, 단지 내 환경 개선을 위해 관리사무소를 리모델링하고 포켓 주차장을 조성했다.[13] 또 2018년에는 정비 사업은 노후한 도로와 옹벽을 정비하고, 악취 방지를 위해 오폐수 관로를 정비하였으며, 입주 기업의 불편 해소를 위해 공공 이용 시설(관리동, 화장실, 소방시설 등), 주차장 등 편의 시설을 확충했다.[14] 조사했던 2023년 2월에 전북농공단지협의회에 등록된 업체는 40곳이었다. 앙금류, 빵류, 떡류, 과자 등 식품 가공 업체 및 육가공 업체 등 식품 관련 업체(공장 12개)가 가장 많았으며, 자동차 관련 부품 제조 업체(6곳), 플라스틱 제조 업체(2곳), 농기계 제조 업체, 냉동 장비 제조 업체 등 다양한 업체가 입주해 있었다.[15]

이 농공단지 주변에는 상장곤 마을, 하장곤 마을, 운원 마을 등 3

---

12 김동철, "군산시 농공단지, 산업단지로 명칭 변경", 『연합뉴스』, 2014.9.12.
13 김석주, "농공단지 정비 추진 보다 나은 환경 조성", 『군산시 NEWS』, 2014.6.2.
14 구대식, "전북도, 노후농공단지 기반시설 정비", 『전북도민일보』, 2018.4.15.
15 (사)전북농공단지협의회 농공단지별 소개 기업 검색 http://www.jbaico.org/com/

개 자연 마을이 밀접하여 있다. 과거 맹지나 논밭이던 곳에 농공단지가 구축되었고 조금씩 그 규모가 확장되고 노동자들이 주변에 거주하면서 마을 거주지가 공단과 밀접해졌다.

〈그림 4〉 농공단지 주변 세 마을

출처: © OpenStreetMap contributors (https://www.openstreetmap.org/#map=15/36.00979/126.87649)

각 마을의 인구는 주민등록상 거주자와 실거주자 수 사이에 다소 차이가 났다. 2022년 조사 당시 상장곤 마을은 공단 내 업체의 주소 및 소유주를 포함하고 있었기 때문에 실거주자는 등록자 수보다 적었다. 2016년부터 2021년 1월 사이의 인구 추이를 살펴보면 상장곤 마을은 64가구, 약 130명을 유지하고 있다. 남녀 성비는 남성이 많고 50~70대 비율이 상대적으로 높은 편이다. 하장곤 마을은 63가구, 약 110명을 유지하고 있다. 남녀 성비는 여성이 많고 50~70대 비율이 상대적으로 높은 편이다. 운원 마을은 46가구, 약 90명을 유지하고 있다. 남녀 성비는 남성이 많고 50~60대 비율이 상대적으로 높은 편이다. 이 세 마을은 전반적으로 고령화가 진행되고 있으며 원주민이 다수 거주하였고, 공단 내 노동자들은 익산이나 군산 시내에서 출퇴근하는 사람이 많다.

상장곤 마을, 길 건너 공단

상장곤 마을은 공기가 맑고 조용한 자연 마을이다. 1991년 공단에 공장들이 입주하기 전에는 마을 주변으로 오염 물질을 배출하는 곳이 없었기 때문에 청정 지역이었다. 주변으로 넓은 평야가 펼쳐져 있으며 주민 대부분이 농업에 종사하는 농촌이었다. 공단이 위치한 곳은 과거 공동묘지와 밭이 있던 곳으로 주변에 산업 시설은 없었다고 한다. 농업은 금강 물을 끌어와서 이용하며 논농사 위주이고, 논 사이의 수로에는 물고기도 많았다.

> "암시랑토 안 했어. 뭐 있간 주변에. 옛날에 거기가 맹지였거든. 논밭 있고 암것도 없었어. 시골이 다 그렇지 뭐. 좋아질 줄 알았지 공장 들어오면 일자리도 생기고 마을이 발전되잖아. 기대도 컸지."(P, 80대, 여)

공단이 주거지 반경 100m 이내에 입주하고 가동하면서 주민들을 가장 힘들게 한 것은 악취와 폐수다. 대기(공기) 변화를 불러온 악취는 주민들의 일상생활에 지장을 주었으며, 수질 변화를 일으킨

폐수는 식수와 농업용수 및 자연환경에 악영향을 주었다. 다행히도 공단이 조성되면서 인근 마을을 중심으로 상수도 공사가 이루어졌기 때문에 주민 대부분은 상수도를 이용하고 있었다.

"못 나가지. 냄새나면 방으로 들어오고. 우리가 이제는 감각이 없기도 해. 매일 맡고 사니 어떤 때는 냄새가 (몸에) 배어서 나는 줄도 몰라. 다른 곳에 사는 사람들이 와서 보고 냄새나서 어떻게 사느냐고 죽겠다고 하면 우리 동네가 냄새가 심하구나 싶어. (중략) 자식들이 도시에서 사는데 거기보다 심하대. 시골에 좋은 공기 마셔야 하는데 (자녀들이 사는 도심) 자기 집이 더 맑대."(K, 70대, 여)

특히 폐수 등으로 인하여 수질이 악화하였는데 가끔 냄새나거나 거품이 떠 있거나 검은빛(회갈색)을 띤 폐수가 공단 쪽 수로에서 흘러 내려오기도 했다. 폐수는 대부분 주거지가 아닌 농지가 있는 농수로 쪽으로 흘러 맨눈으로 확인하기는 힘들었으나 도랑에서 쉽게 볼 수 있던 우렁이, 민물고기가 사라지거나 수로나 하천에서 물 위로 거품이 발생하는 현상 등을 보면서 수질이 점점 나빠지고 있음을 확인할 수 있었다.

"여기 외국인 노동자가 많은데 비 내리고 하면 쉬는 날에 저 도랑에서 고기를 큰 것 잡아서 오곤 해요. 내가 밭에서 일하고 있으면 먹으라고 주는데 안 받지. 왜 먹어. 내가 그래서 (외국인 노동자에게도) 먹지 마라. 저기 공장에서 내려오는 나쁜 물이니까 그런 데에서 자라는 물고기를 먹으면 병 생긴다고 타이르기도 했어. (중략) 뭐 들나. 나는 못 먹겠더라고. 여기 사람들은 안 먹지 왜 먹어. 예전에는 잉어랑 많이 잡아서 보신했지. 크기도 해. 그런데 지금은 안 돼. 더러운 물에서 내가 어찌 될 줄 알고."(P, 70대, 여)

하장곤 마을, 그래도 윗마을보다 살기 좋다

하장곤 마을은 상장곤 마을과 길 하나를 사이에 두고 붙어 있는 마을이며 공기 맑고 물 좋고 조용한 자연 마을이다. 공장들이 입주하기 전에는 마을 주변으로 오염 물질을 배출하는 곳이 없었기 때문에 상장곤 마을과 마찬가지로 청정 지역이었다. 주변으로 넓은 평야가 펼쳐져 있으며 주민 대부분 농업에 종사하였고, 주변에 산업 시설은 없었다고 한다. 농업은 금강 물을 끌어와서 이용하며 논농사 위주이고, 논 사이의 수로에는 물고기도 많았다. 주민 대부분이 장수하였다고 하며 큰 질병 없이 생활하였다고 한다.

"내가 시집와서 몇십 년 살고 있는데, 그쪽에 우리 밭이 있었는데 공동묘지 쪽에 가까이. 팔라고 해서 팔았지. 뭐가 있어 아무것도 없는 곳이라 잘되었다 생각하고 팔았지. 보상금이라고 얼마나 주나. 옛날에는 싸지. 지금은 안 하지. 나라에서 하라고 하면 다 하던 때니까. 얼마나 힘들어 밭농사가."(C, 90대, 여)

하장곤 마을은 공단과 바로 접해 있는 상장곤 마을에 비하여 피해가 상대적으로 적다는 의식을 가지고 있었다. 하지만 상장곤 마을과 마찬가지로 악취와 폐수 등의 피해를 호소하고 있다. 특히 하장곤 마을은 공단이 생기면서 다른 지방 출신 노동자들이 다수 이주하여 마을 인구가 증가하기도 하였으나 현재는 공단에 다니는 주민이 거의 없다고 한다. 한때 다수의 여성 주민이 공단 내 식품공장에서 콩 고르기 작업 등을 하기도 하였다. 부업이 생겨서 좋았으나 악취와 폐수로 인한 피해를 호소하는 사람도 많았다.

견디지 못할 정도의 매캐한 냄새 때문에 야외 활동이나 작업하기가 어려울 정도로 악취로 인한 피해가 컸다고 한다. 또 대부분 농업에 종사하는 주민들은 수로의 물로 경작하는데 공단이 생기면서 폐수가 심한 때에는 농업용수로 이용이 불가능하기도 하였고, 한동안 물고기가 살지 못할 정도로 수질이 나빴다고 한다. 과거와 비교하여 현재의 수로는 정비 등을 많이 하여 상대적으로 깨끗한 편이지만 공단에서 폐수를 무단 방류하고 있는 것을 목격한 주민들이 있었다. 주민들에 의하면 공단이 생기고 최근 환경문제로 방송에 보도되면서 공장이 직접 수질 검사도 하고 주변 하천 정비 사업 등도 진행하면서 많이 개선되었다고는 하지만 아직도 폐수와 악취로 피해를 보고 있다고 호소했다.

"예전에는 똘(도랑)에 있는 물 그냥 퍼서 (농사 물 대기에) 썼는데 공장 돌아가면서 한동안 폐수 내려보내서 못 썼지. 한 5년 전인가 방송국에서 방송 내고, 데모하고 나니까 그때부터 물고기가 살더라고. 농사 못 지을 정도면 말이 되느냐고. 먹는 것도 아니고."(J, 80대, 여)

운원 마을, 위치에 따라 다른 갈등

<그림 5> 운원 마을 속 세 집단

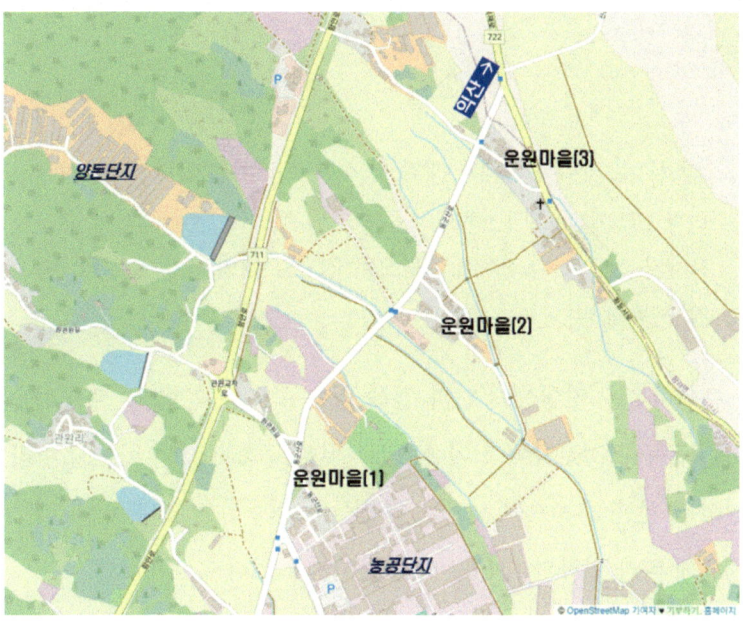

출처: © OpenStreetMap contributors (https://www.openstreetmap.
org/#map=16/36.02320/126.87365)

운원 마을은 옛 운원 마을과 원동 마을이 2010년 이전에 통합하여 하나가 되었으며 1km 내에 세 곳으로 나뉘어 주거지가 집중되어 있다. 공단 쪽에 붙어 있는 곳은 원래 원동 마을로 원간암 마을과 교류가 더 많고, 원래 운원 마을은 경로당이 있는 곳과 익산시 함라면과 붙어 있는 곳으로 이 두 지역의 교류가 많다. 운원마을은 군산시 서수면에 속하지만 익산 시내버스가 다니기 때문에 생활권은 익산에 더 가깝다.

축사 및 공장(공단 포함)이 주변에 들어서기 전에는 상장곤 마을, 하장곤 마을과 비슷하게 공기 좋고 물 좋고 주변에 공업 시설도 없는 청정한 자연마을이었다. 마을은 구릉 지대에 있어서인지 오래전부터 과수 농사를 하였으며 농사도 잘되었고, 다수의 마을 사람이 집에서 소나 돼지 등을 한두 마리씩 소규모로 기르기도 하였다고 한다.

"대규모로 하니까 문제가 생긴 것 같다. 예전에는 집에서 한두 마리씩 (규모가) 작게 다 키우고 그랬는데 지금은 대규모로 하니까 문제가 생긴 거다. (중략) 집단으로 짐승들 많이 키워서 그런 거지."(S, 90대, 여)

운원마을은 지형상 공단과 접해 있는 곳(1)과 논밭 및 과수원을 사이에 두고 경로당이 위치한 곳(2), 낮은 구릉 지역의 익산시 함라면과 경계한 곳(3)으로 나뉘어 주민들이 거주하고 있다. 이에 거주 지역에 따라 변화의 내용도 다소 차이가 있었다.

"지금 마을회관에 오신 분들은 대부분 피해를 본 분들입니다. 그리고 여기가 장점 마을이 이웃 부락이라. 길 건너면 장점 마을입니다. 장점에서 많은 사람이 죽었는데 우리 마을도 많이 죽었어요."(K, 60대, 남)

"6개월 전 이사한 사람이 이사 가겠다고 하더라. 냄새 때문에 못 살겠다고 하더라. 지금 이사 가서 전라북도 순창에 가서 산다. (중략) 남에게 피해를 주면 안 되지 않느냐. (중략) 지금은 환경이 많이 좋아진 거다. 저감 장치만 해도 많이 좋아지는데 옛날에는 감시도 안 하니 사용도 안 한 것 같다. 지금은 민원도 넣고 공무원들이 관리도 하니까 조금 감소가 된 거다. 예전에는 폐수 같은

것 편하게 버리고 그랬다."(H, 70대, 남)

운원마을(1)은 공단과 접한 곳에서는 농작물 발육에 이상이 생겼다고 한다. 특히 공장 주변 밭에 심은 작물 중 콩이나 깨 종류의 발육에 문제를 느꼈다고 한다. 또 공단 작업 시간에 쿵쿵거리는 소음이 나 고통을 호소하는 주민이 가장 많았다. 간헐적으로 작업 시간(밝은 시간) 외에도 저녁 시간에 소음이 들렸으며 계속되고 있다고 한다.

"나는 여기 와서 처음 할머님 돌보는데 어디서 쿵쿵하더라고요. 하루 종일 이런 곳에서 어찌 사느냐고 할 정도로 수업이 끝날 때까지 계속 쿵쿵거려서. 금형을 찍는 곳인가 있다고 하더라고요. 이런 소리를 계속 듣고 살았으니 시끄러운 줄도 모르시더라고요. 저는 지금도 먹먹하죠. 힘들었어요. 계속 그래요."(돌봄 직원, 50대, 여)

운원 마을(2)는 경로당이 위치한 곳과 익산과 가까운 곳에서는 정도의 차는 있지만 악취로 인한 일상생활 피해가 가장 컸다. 특히 바람의 방향에 따라 악취의 농도가 달라졌는데 주변의 축산단지와 닭가공업체를 원인으로 생각하고 있었다. 농공단지보다 양돈단지로 인한 악취를 더 호소하였고 낮보다 밤에 냄새가 더 심하고 문을 닫고 생활해야 할 때도 많다고 한다. 특히 여름에는 "에어컨 풀가동하면서 산다"라고 할 정도로 공기 질 악화가 가장 심각했다. 또 축사와 가까운 곳에 사는 주민들은 냄새가 세탁물에도 영향을 주며 여름철 위생 및 해충 피해(모기, 파리 등)도 심각하다고 한다.

운원 마을(3)은 폐수 등과 관련된 사항은 구릉지대에 마을이 위치해 있고, 폐수관도 다른 곳을 통과하기 때문에 직접적인 피해는 못 느꼈다고 한다. 그러나 지하수는 가축의 음용용이나 농작물 관리용으로 사용하는 경우가 많고, 사람이 먹을 때에는 정수기를 사용하거나 끓여서 먹는다고 한다. 즉 악취를 내는 주변의 축산단지와 공장 등으로 인하여 가급적 먹는 물에 주의를 기울이는 가정이 많았다. 또 경계 지역 낮은 구릉에 있으므로 바람의 방향에 따라 농공단지, 주변 축사, 옆 마을 비료 공장의 냄새가 복합적으로 났다고 했다.

"맨 처음 이사 왔을 때는 못 살겠더라고. 몇 번 이사하려고 했는데 아버지 때문에 못 갔고. 점점 적응해서 그런지 지금은 살 만하다. 점점 말로 표현할 수 없는 냄새가 난다. (중략) 장점 마을이 옆 마을인데 비료 공장 돌아갈 때 냄새가 여기까지 넘어왔다. 길 하나 사이고 언덕 넘으면 바로다. 민원을 넣기도 했다."(K, 60대, 남)

"농공단지랑은 거리가 있어서 영향이 없다. 그리고 상생하면서 살아야 한다. 여기는 축사 때문인지 악취 빼고는 다 좋다. 악취는 매일 난다고 봐야 하는데 누가 냄새를 계속 맡고 있겠느냐. 나면 (실내로) 들어오고 하지. 나는 새벽녘에 가장 심하더라. 낮에는 못 느끼지만 사실 매일 난다고 봐야 한다. 머리가 아플 정도는 아니고 그 정도 나면 안으로 들어가니 모르겠다."(M, 70대, 남)

주변이 변하니 건강도 마을도 심란

많은 주민이 유해 환경에 장시간 노출되면 건강에도 영향을 미칠 수 있다는 것을 인지하고 있었다. 이것은 직접 체험을 통해 안 경우도 있으나 대부분 "말 안 해도 누구나 알고 있는 사실"이라고 대답했다. 특히 익산의 장점 마을이 주변에 있기 때문에 주민 간 교류나 언론 매체 등을 통하여 쉽게 학습할 수 있었다.

인터뷰에 응한 주민들을 대상으로 현재 가장 고통받고 있거나, 공장 및 축사 등의 운영 이후 발생한 질병에 관하여 질문한 답변을 정리하면 다음과 같다. 단, 질병에 관한 질문은 예민한 개인정보에 해당하기 때문에 언급을 꺼리는 주민이 많았다.

주요 특징은 다음과 같다. 첫째, 악취가 심할 때는 두통, 편두통, 메슥거림, 호흡곤란 등이 생겼다. 실내로 들어가서 악취가 사라지면 밖으로 나왔다. 심하면 두통약을 먹거나 병원을 찾는 주민들도 있었다. 둘째, 소수의 주민은 가려움증을 호소했다. 가려움증은 소수의 주민이 경험하기는 하였으나 농업을 생업으로 하고 있기 때문에 복합적인 원인을 무시할 수는 없다. 셋째, 고혈압, 골관절염, 골다공증, 고지혈증, 당뇨, 심장 질환 등이 가장 많으며, 호흡기 질환 등을 호소하는 주민도 소수 있었다. 넷째, 이명, 우울증, 불안 장애, 치매 등을 치료 중인 주민들도 있었다.

전반적으로 주민들은 악취로 인한 고통을 회피하는 방법으로 내기 마을이나 장점 마을 주민들처럼 실내(집 안)로 들어가 문, 창문을 모두 닫고 냄새가 약해지면 나오거나 참고, 극심한 악취로 두통이 심해지면 상비약을 복용하기도 했다고 한다. 대부분 낮 시간대에는 젊은 주민들은 직업이나 다양한 이유로 마을을 벗어나서 생활하다가 저녁 시간대에 마을로 돌아오는 경우가 많으므로 오랜 시간 마을에 머무는 주민들은 고령자가 많았다. 이에 대부분 이러한 불편한 생활을 오랫동안 적응하고 참아 가면서 생활하고 있었다. 그 증거로 주민들은 마을별 암환자 수를 거론하며 심각한 오염갈등을 강조했다. 이렇듯 주민들에게 마을의 암 환자 수는 중요한 의미가 있다. 암 환자 수는 환경오염의 중요한 인과성으로 언급되고 있기 때문에 주변 마을과 비교하여 암 환자가 많다는 것은 외부 환경의 오염 물질에 영향받고 있다는 것을 직간접으로 암시한다. 특히 옆 마을인 익산 장점 마을의 사례를 숙지하고 있기 때문에 '환경 악화는 건강 영향의 한 요소'임을 잘 인식하고 있기 때문으로 보인다.

공장과 주민 사이의 갈등은 민원으로

공장과 축사 등의 영향에 따른 피해 정도는 같은 마을에서도 지형적 위치에 따라 정도의 차가 나타났으며, 주민 간 대응 방법도 다양했다. 세 마을의 환경 변화에 관하여 설문 조사한 결과 공기 질이 나빠졌다거나 악취를 호소하는 주민이 가장 많았다.

공장이 가동되고 다양한 환경문제가 발생함에 따라 마을 주민 간의 갈등도 발생했다. 마을에는 고령자가 많아 "귀찮아서 전화도 안 받는다. 민원은 생각도 안 했다"라고 할 정도로 민원을 넣기보다는 어느 정도의 피해는 감수하고 참는 주민이 많았다. 또 공단이 생기고 젊은 사람들이 입주하는 것을 기대하고 상생을 희망하는 주민도 많기 때문에 많은 부분에서 양보하는 태도가 강했다. 그리고 오랫동안 지속해 악취와 폐수에 노출되어 있었기 때문에 그 고통을 인지하고 저항하는 힘이 다소 약했다. 그래서인지 큰 피해를 보았을 때만 이장을 찾아 민원을 넣는 경우도 있으나 직접 행정에 개별적으로 연락하는 주민은 극소수였다.

상장곤 마을과 하장곤 마을은 마을의 북쪽에 위치한 공단을 상대로 다양한 민원을 제기했다. 대표적인 민원은 악취, 폐수와 관련한 것이다. 이 마을에서도 주민들이 개별적으로 민원을 제기하지는 않았다. 그 대신 마을 이장에게 공단이나 면사무소 등으로 공식 민원을 제기하도록 독려했다. 과거 마을 주민들은 주변 마을 주민들과 데모 등에 동참하기도 하였으나 큰 효과가 없었다고 한숨을 쉬기도 했다. 마을 주민들이 민원을 제기하지 않는 이유로는 민원을 제기해도 문제의 해결책을 얻을 수 없었다는 경험에서 오는 자괴감이 가장 컸으며, 마을을 대표하는 이장이 공단 혹은 행정에 민원을 모아 제기해야 해결할 수 있을 것이라는 믿음과 시간이 지나면서 이러한 삶에 익숙해져서 민원을 제기하지 않는 주민 등이 다수였다.

운원 마을은 상기하였듯이 마을의 위치상 공단과 붙어 있는 곳, 논과 밭을 경계로 경로당이 있는 곳, 언덕 위의 익산과 경계한 곳으로 나뉜다. 이렇게 3곳으로 주거 공간이 나뉘어 있기 때문에 모두 모여서 대규모로 데모를 할 수는 없었으나 경로당이 있는 곳과 언덕 위의 주민들은 큰일이 생겼을 때 항상 모여서 논의하고 대책 마련을 위하여 의견을 수렴하였다고 한다. 공단과 붙은 집단에서는 '소음'과 관련된 민원이 있었으나 민원을 제기한 적이 없다는 사람이 가장 많았으며, 경로당 쪽과 언덕 쪽은 '축산 분뇨 냄새' 등의 악취 발생으로 인한 민원을 제기한 주민이 소수 있었다. 대부분 전화로 군산시청 및 면사무소에 민원을 제기하였으나 지속적인 해결 방안은 찾지 못했다. 또 민원과 관련하여 행정에 민원 전화를 했다가 민원인의 개인정보가 쉽게 노출되어 2차 피해를 경험한 주민들도 있으며, 이에 전화 민원이나 인터넷 민원을 꺼리는 경우가 많았다.

> "돼지 분뇨 냄새 때문에 민원 전화를 가끔 넣었는데 전화로 민원을 제기하면 며칠은 냄새가 안 나다가 다시 나고, 다시 나고, 넣으면 그때뿐입니다. 어느 순간 포기하게 되더라고요. (중략) 어떻게 알고 난다고 전화(민원)를 하면 또 안 나기도 해요."(운원 마을 주민 K, 60대, 남)

신문 기사로 본 갈등

대부분의 환경 갈등은 언론을 통해 주변에 알려진다. 과거 신문 기사를 살펴보면 소규모 지역 내 공업단지인 만큼 지역신문에서 간헐적으로 기사화되었다. 갈등의 원인은 악취와 폐수를 주요 오염원으로 지목하고 있으며, 축산업 및 가공 공정에서 발생하는 폐수나 악취와 공단에서 배출한 오폐수 등을 이미 1990년대부터 경험하였고 오염의 심각성을 인지하고 있었으나 반복적으로 같은 사건이 발생하는 것을 보면 명확한 해결 방안 도출과 관리 감독 및 감시가 잘 이루어지지 못하였다는 것을 알 수 있다. 구체적으로 서수면의 해당 지역과 주변의 환경오염 관련 주요 기사 내용을 보도 순서를 따라 살펴본다.

〈표 3〉 서수면 악취 및 폐수 관련 주요 신문 기사(1990. 1.~2022. 12.)

보도 일자	주요 기사 중심 내용 발췌
1990. 7. 9.	**농촌도 환경오염심각 _ 전북일보 _** 군산 공장 증가… 공해업체 늘어나 [군산] 최근 농촌지역의 공장 진출이 늘면서 공해업체에 대한 주민들의 진정이 잇따르는 등 농촌 지역도 환경오염문제가 점차 심각하게 제기되고 있다.
1995. 8. 30.	**도축장 이전공사 반발거세 _ 전북도민일보 _** 수질오염·악취·소음 우려, 시공사 착수하자 진정서 제출 군산시 서수면 주민 군산시가 도축장을 농촌지역으로 이전시키려는 실제 공사에 착수하자 인근 지역 교회 신도와 주민 및 기도원 등이 크게 반발하고 나섰다.

1996. 9. 21.	**도조직 개편 지역실정 감안했나** _ 전북도민일보 _ 환경 피해 민원 조사 (중략) 현지 조사 활동을 전개. 사업위는 군산시 서수면 농공단지 주변 폐수 피해 및 공장 설치 취소 민원을 심사하고 건설위는 무주리 조트 하천 복개에 따른 환경 민원 등을 심사. 계수조정 작업 매듭.
1996. 9. 25.	**견제-협력 균형감각 '진일보'** _ 전북도민일보 _ 문사위원회는 전라북도 의료보호기금 특별회계 설치 및 운영조례 중 개정 조례안을 원안대로 의결하는 한편 군산시 서수면 공장 폐수 및 악취 피해에 대한 조치 요망 등 3건의 민원을 심사, 도 환경지도과 등 관계부서에 처리토록 이첩했다.
1997. 7. 18.	**세천 간이오폐수시설 급하다.** _ 전북도민일보 _ 군산시 서수면 관원리 우유천도 주변 지역에 산재한 소와 돼지 양축 농가들에서 배출되는 축산 오폐수로 하천의 수질이 악화되고 있다. 이에 따라 전북도는 도내 완주 비봉면 봉신천 등 저수지 상류 33개소 세천에 각종 쓰레기 '유입을 차단하고 오폐수 정화하기 위한 간이 정화시설을 설치할 계획이다.
2000. 7. 20.	**환경오염사고 속출 업체-주민 분쟁 확산** _ 전북도민일보 _ 최근 군산지역에서는 유독가스 배출과 폐수 방류 등으로 주변 농경지의 벼가 말라 죽는 등 환경오염 사고가 잇따라 발생하면서 업체와 지역 주민들 간의 분쟁이 잦아지고 있다. 군산시 서수면 관원리 상장곤 마을 등 4개 마을 주민 30여 명은 18일 인근의 닭고기 가공 업체가 폐수를 방류하는 바람에 피해를 입고 있다며 업체를 항의 방문했다. 주민들은 업체 측이 제대로 정화되지 않은 폐수를 농수로에 흘려보내 악취가 진동할 뿐만 아니라 폐수를 농업용수로 사용하면서 벼농사에 병해충이 발생하는 등 피해를 입고 있다며 폐수 방류 즉각 중단과 피해 보상을 요구했다.
2001. 4. 12.	**농경지 폐기름 오염 농민 반발** _ 전북일보 _ 농공단지 내 부도난 업체에서 동물성 기름이 다량으로 유출, 인근 농수로를 크게 오염시켜 농민들이 강력히 반발하고 있다. 지난 10일 오후2시께 군산시 서수면 소재 서수농공단지 내 한 업체의 공업용 유지 저장 탱크 아랫부분 배출구 마개가 빠져 동물성 폐기름 10여 톤이 유출, 악취를 풍기면서 수km의 인근 농수로를 오염시켰다.
2011. 9. 26.	**가축분뇨 농수로 무단 방류한 축협 직원 검거** _ 전북도민일보 _ 비 오는 날 하수구를 통해 축산분뇨와 액상비료를 농수로에 무단 방류한 축협 직원 2명이 검거됐다. 26일 군산경찰서는 지난 8월 9일 11시께 서수면 관원리 소재 A축협 서수 공동자원화 센터에서 액상비료 850톤과 축산분뇨 20톤을 무단 방류한 직원 2명을 불구속 입건했다.
2015. 12. 15.	**군산 용회 마을, 양계시설 건축 반발** _ 전북도민일보 _ 더욱이 주민들은 해마다 학교급식 관계자 등이 방문해 쌀 생산 농가와 함께 현장체험학습을 실시하고 있어 양계시설이 들어서면 악취로 인한 피해를 우려하고 있다. 주민들은 "서수면에 악취발생 업체가 많아 주민들이 악취에 시달리고 있는데 면 중앙에 또다시 양계장이 설치된다면 면 전체가 악취로 시달릴것"이라며 "양계장이 들어서는 것을 그냥 보고만 있지는 않을 것"이라고 주장했다.

2020. 8. 31.	**군산시, 서수면 주민 암 발생 원인 규명 나선다** _ 전북일보 _	
	군산시 서수면 일대 마을에 암 환자들이 발생하고 있는 것과 관련해 군산시가 역학조사에 착수할 예정이어서 그 결과에 관심이 모아지고 있다. 서수면 4개 마을(상장곤·하장곤·신장·운원 마을)은 수년 전부터 암 환자가 꾸준히 발생하고 있을 뿐 아니라 주민들이 두통과 호흡 곤란 증세를 호소하고 있는 곳이다. 주민들의 증언에 따르면 최근 5년 사이에 암으로 사망하거나 갑자기 암에 걸린 사람은 7명 정도로 추정되고 있다. 주변 농공단지와 공장에서 나오는 매연과 악취도 질병 발생의 원인으로 의심하고 있는 상황이다.	
2022. 8. 8.	**전북환경운동연합 "동물성기름 하천유출 사고원인 철저하게 조사하라"** _ 전북일보 _	
	전북환경운동연합은 8일 성명서를 내고 "지난 6일 군산 서수농공단지의 한 업체에서 발생한 동물성기름이 공공하수처리장 배출구와 연결된 농수로를 통해 인근 하천으로 흘러들어 갔다"면서 "군산시는 주민 신고를 받고 흡착포와 오일펜스를 설치하고 수거차량을 동원해 초동대처를 했지만 다음 날에도 기름띠가 흐르고 있었으며, 흘러나온 기름 덩어리가 수풀에 엉겨 붙어 있었다"고 밝혔다.	

농촌 마을의 현주소, 셋 중 하나

인간의 활동으로 발생하는 심각한 오염은 다시 인간의 생활환경이나 건강에 악영향을 미치고, 더 나아가 공동체 갈등을 야기한다. 이에 기업, 정부, 전문가, 지역사회, 주민, 개인 등 직간접으로 영향 받는 모든 사회 구성원이 주변 환경 변화에 예민하게 관심을 가지고 반응해야 한다. 이는 사전 예방으로 피해의 강도를 줄일 수 있으며 다양한 사례의 특징을 분석하여 효율적인 대책을 구축하는 데 도움이 되기 때문이다. 이에 세 마을의 환경적 특징과 시사점을 정리하면 다음과 같다.

첫째, 농공단지나 대규모 축산단지가 주변에 설립돼 운영되면서 자연 및 생활환경에 변화가 발생했다. 가장 심각한 것은 악취와 폐수다. 상장곤 마을은 공기, 매연, 악취, 물의 변화가 나타났다. 하장곤 마을은 악취가 가장 심했으며 물의 변화도 나타났다. 운원 마을에서는 악취가 가장 심각했으며 소음과 물의 변화도 나타났다. 이는 농업을 생업으로 하는 주민들의 작업환경과 주거 환경에 어느 정도 불편을 끼쳤으며, 특히 악취는 개인의 일상생활에도 직간접으로 피해를 주고 있다.

둘째, 공장 및 축사가 장기간 운영되면서 주변 주민들의 건강에도 영향을 미쳤다. 특히 심각한 악취는 두통, 메슥거림 등 육체적 피해를 유발하거나 일상생활의 불편을 초래하고 삶의 질을 하락시켰다. 그 외에도 피부 및 호흡기 질환, 이명 등 청각 관련 질병 등을 다소 호소하고 있으나 오염원 배출량과 지역에 따라 피해 정도가 달랐다. 하지만 환경오염으로 인한 건강 악화는 사람에 따라 발현의 정도나 질환이 다양하며 오랜 시간이 지난 후에 중병으로 갑자기 나타나기도 하므로 그 원인을 찾거나 치료받는 데도 어려움이 있다. 이는 다른 분야에서도 마찬가지겠으나 오염 물질을 배출하는 시설물에서는 장기간 반복적 관리와 감시가 필요한 이유이기도 하다.

셋째, 피해는 거주지 위치나 지형에 따라 달랐다. 농촌 마을의 특성상 경사가 있거나 주거지가 밀집한 지역, 논밭 사이나 띄엄띄엄 거주지가 있는 곳 등 도시에 비하여 상대적으로 주거 조건이 다양하다. 예를 들어 농공단지와 도로 하나를 사이에 두고 있는 상장곤 마을은 공장을 오가는 큰 트럭 등으로 인한 소음이나 매연, 배기가스 등의 피해가 많았고, 수로로 무단 방류되는 폐수 피해를 호소하기도 했다. 하장곤 마을도 비슷하나 마을 양쪽으로 나 있는 방류 수로가 합류하는 지점이 있기 때문에 무단 방류되는 폐수와 악취 등을 주로 호소했다. 운원 마을은 주거지가 언덕 위와 아래의 세 지역으로 나누어져 있어서 농공단지의 소음을 유발하는 제조 공장에서 나는 소음으로 피해를 보는 주민과 주변 축사 등에서 발생하는 악취에 영향을 받는 주민, 바로 옆 익산 권역에서 발생하는 악취로 피해를 호소하는 주민들이 있었다. 또 악취 및 공기 오염 및 폐수와 관련된 피해에서도 주거 및 생활 장소(활동 반경)에 따라 그 강도가 달랐으며 오염도를 느끼는 정도에도 차이가 났다. 예를 들어 폐수는 폐수관이 주거지 외곽으로 설치되어 있어서 맨눈으로 확인하기 힘들지만 하천 연결 수로가 위치한 지역에서는 비가 오거나 불특정한 날에 무단 방류 폐수를 목격하기도 했다. 즉 피해 구제 및 예방책 마련을 모색할 때 같은 행정구역일시라도 지형과 지역의 자연적 특이 사항 등을 고려한 정책 마련이 필요하다.

넷째, 공장·행정·주민 간의 갈등은 지속적인 민원 제기에도 개선되지 않았으며 행정 불신으로 이어지거나, 공동체 내 갈등에도 영향을 주었다. 환경 갈등을 대하는 주민들의 특징은 다음과 같다. 1)한마을에서도 피해를 호소하거나 민원을 적극적으로 제기하는 주민과 거부하는 주민, 참고 사는 주민, 무관심한 주민 등으로 나누어진다. 2)주민들은 환경 민원이나 갈등이 발생하면 가장 먼저 '이장'에게 전달하였으며, 면사무소 혹은 시청에 직접 민원을 제기하는 주민은 소수였다. 3)민원을 꺼리는 이유는 과거의 행정과 공장 및 축사와 관련한 민원들이 잘 해결되지 않았기 때문에 생긴 불신이 가장 컸다. 민원 해결에 효과가 있다고 생각하는 곳으로 이장, 면사무소, 시청, 전문가, 언론 제기 순으로 응답했다. 4)농공단지나 축사 등에 대한 이미지 악화, 민원 및 행정 대응에 대한 불만과 불신으로 환경 악화와 관련한 민원 제기를 스스로 포기하는 현상도 나타났다. 5)해당 사업장이나 축산업체 등과 개인적으로 이해관계가 있는 주민들은 쉽게 민원을 제기하지 못했다. 6)서수면 환경문제와 관련하여 신문 기사 등 언론 보도는 소수였으며 최근의 방송 몇 건 외에는 크게 이슈화되지 못하고 있다.

다섯째, 잘 관리되지 않는 농공단지나 축산 시설은 농촌 사회의 고령화를 더욱 가속화할 수 있다. 농공단지와 농촌의 다양한 축산 및 공업 시설은 해당 지역의 경제 활성화나 농촌 인구 증가 등을 목적으로 허가되는 경우가 많다. 또 연구에서도 농공단지 관련 지역 경제 활성화 방안 모색 마련에는 관심이 많지만 그 주변에 살고 있는 주민의 고령화와 농촌 붕괴에는 관심이 없다.

오염이 지속해 발생하면 젊은이들부터 그 지역을 떠난다. 그러나 고령자나 원주민은 그동안 형성된 사회문화적 정치적 관계나 생업 및 경제적 사정 등으로 쉽게 떠날 수 없다. 결국 고령의 원주민들은 고향을 지키면서 더 늙어 갔고, 그 대신 자녀들은 직장 및 결혼, 학업 등을 이유로 타지에 정착하며 돌아오는 사람은 적었다. 즉 농촌을 살리기 위한 농축산공업 시설들이 관리 부재로 오염 물질을 발생하면 농촌의 고립과 붕괴를 가속화할 수 있다.

2부 역학조사와 인과성

1. 역학조사와 외부인
2. 내기 마을, 역학조사와 그 함정
3. 장점 마을, 인과성 도출 과정에서 등장한 외부인들

1
역학조사와 외부인

환경오염사건에서 역학조사란

　환경부는 역학조사를 "특정 인구집단이나 특정 지역에서 환경유해인자로 인한 건강 피해가 발생했거나, 발생할 우려가 있는 경우에 질환과 사망 등 피해 규모를 파악하고, 환경유해인자와 질환 사이의 상관관계를 확인해 원인을 규명하는 활동"이라고 정의한다.[1] 이러한 정의는 세계보건기구(WHO, World Health Organization)의 '건강권'을 "신체적, 정신적, 사회적으로 완전히 안녕한 상태(Well-being)"로 규정한 관점과도 맞닿아 있다. 그래서 질병과 환경 사이의 연관성을 살피고, 잠복성, 만성적 질환의 가능성이나 새로운 공정이 수시로 도입되는 작업환경의 특성을 고려해 건강, 안전 예방 기준을 보강해야 한다. 나아가 사건이 발생했을 때는, 역학조사가 공

1　환경정책과, "국민 환경보건에 대한 기초 역학조사 강화된다", 환경부 보도자료, 2015.8.4., 7쪽.

정하고 객관적으로 이루어질 수 있도록 일반 시민, 노동자, 전문가가 함께 참여하는 평가 체계가 필요하다.[2] 결국, 질병과 환경의 관계를 정확히 파악하려면 다양한 측면에서 폭넓은 연구와 분석이 이루어져야 한다.

환경보건법 법률 제12524호 (일부개정 2014.03.24.) 제2조(정의) 내용 일부

1. "환경보건"이란 「환경정책기본법」 제3조 제4호에 따른 환경오염과 「화학물질관리법」 제2조 제7호에 따른 유해화학물질 등(이하 "환경유해인자"라 한다)이 사람의 건강과 생태계에 미치는 영향을 조사·평가하고 이를 예방·관리하는 것을 말한다.

2. "환경성질환"이란 역학조사(疫學調査) 등을 통하여 환경유해인자와 상관성이 있다고 인정되는 질환으로서 제9조에 따른 환경보건위원회 심의를 거쳐 환경부령으로 정하는 질환을 말한다.

3. "위해성평가"란 환경유해인자가 사람의 건강이나 생태계에 미치는 영향을 예측하기 위하여 환경유해인자에의 노출과 환경유해인자의 독성(毒性) 정보를 체계적으로 검토·평가하는 것을 말한다.

4. "역학조사"란 특정 인구집단이나 특정 지역에서 환경유해인자로 인한 건강피해가 발생하였거나 발생할 우려가 있는 경우에 질환과 사망 등 건강피해의 발생 규모를 파악하고 환경유해인자와 질환 사이의 상관관계를 확인하여 그 원인을 규명하기 위한 활동

---

[2] 김재완, "반도체산업 노동자의 암 발병과 직업병 인정을 위한 법적 방안", 『민주법학』 44(2010), 31-36쪽.

을 말한다.

5. "환경매체"란 환경유해인자를 수용체(受容體)에 전달하는 대기, 물, 토양 등을 말한다.

6. "수용체"란 환경매체를 통하여 전달되는 환경유해인자에 따라 영향을 받는 사람과 동식물을 포함한 생태계를 말한다.

유해물질로 인한 대표적인 질병 가운데 가장 많은 역학조사가 진행된 분야는 암이다. 발암 관련 건강조사와 연구를 살펴보면, 석면 공장, 광산 주변, 산업단지, 도심 주거지, 지하철 시설물 등에서 토양, 대기, 저수지에 녹아 있는 유해물질이 건강에 미치는 영향을 조사하고 이를 질병과 연결 지어 분석한 결과물들이 많다. 여기서 대표적인 유해물질은 석면, 카드뮴, 라돈, 비소, 유리섬유 등 다양하다. 그러나 역학조사는 유해물질과 질병의 관련성에 집중하더라도 질병의 원인에는 다양한 개인적 요인이 복합적으로 작용하기 때문에 명확한 연관성을 밝히기가 쉽지 않다. 또한 조사의 대상이 되는 질병이 한정적이어서, 그 외 질환은 크게 다루어지지 않는 한계도 있다. 이 때문에 가설 설정이나 분석 항목, 조사 방법을 잘못 정하면 역학조사의 본래 의미를 잃어버린 결과가 나올 수 있다. 실제로 수억 원의 조사 용역비가 투입되었음에도 불구하고, 공장과 행정, 주민 사이의 갈등이 여전히 해결되지 않은 사례가 많은 이유이기도 하다. 따라서 이러한 한계를 보완하기 위해서는 과학적, 의학적, 기술적 분석과 함께 최근에는 사회문화적 접근 등 다양한 방법이 협동으로 추진되고 있다.

역학조사에서 외부인들의 역할

우리가 직면한 환경오염은 공공의 문제로 함께 고민해야 할 사회적 과제이다. 환경 갈등은 지역이나 해당 원인 물질에 따라 상황과 내외부 사정이 다르게 상호작용하므로 해결 방식도 그 사례만큼 다양하게 존재한다. 메리 더글러스 등은 기술 개발과 환경오염에 대하여 "서로 다른 특성을 가진 사회는 위험에 대한 반응도 다르다"라면서 위험(오염)은 사회 비판의 강도와 방향에 따라 공공의 관심사로 선택되며, 그 비판을 정당화하기 위하여 사망과 질병 통계를 사용한다. 특히 산업공해의 한 형태로 암 사망률은 다른 재해의 인명피해보다 더 강하게 산업을 반대하고 탈성장을 정당화한다. 그리고 그 해결 과정에서 "진정한 통찰력은 멀리서 온다. 외부인이 문제를 더욱 정확하게 파악할 수 있고 개혁도 사회의 가장자리에서 유래한다"라고 기술했다.[3] 이 내용은 1983년에 우리가 직면한 환경문제의 위험성에 대한 사회적 책임과 연구의 필요성을 강조한 내용 중 일부인데 40여 년이 지난 지금도 일맥상통하는 부분이 많다. 오히려 산업화가 가속화되면서 사회가 분업화되고 과학기술의 발달로 예상할 수 없었던 유해 물질의 발생 빈도가 증가하였으며, 객관적 원인 물질을 찾는 것이 더욱 복잡해지고 정치적으로 변하고 있다. 특히 자본사회에서 '환자나 사망자의 통계 수치'에 따라 사회적 관심사와 정치적 여론의 형성을 높일 수 있다는 지적은 목숨을 담보로 증명할 수밖에 없는 환경 불평등의 현실이다.

그래도 다행인 것은 환경문제를 해결하는 과정에서 당사자인 피

---

3   메리 더글러스 · 아론 윌다브스키 지음, 김귀곤 · 김명진 옮김, 『환경위험과 문화』, (1993, 명보문화사), 18-19, 212쪽.

해자, 특히 지역민들의 참여와 목소리가 점점 증가하고 있다. 1980년대 이후 정치적 민주화로 지역민은 수동적 수혜자에서 자기의 권리와 이익을 지키기 위하여 적극적으로 참여하고, 자신의 생각을 강하게 주장하게 되었다. 물론 때에 따라 지역 혹은 집단이기주의라는 부작용을 생산하기도 한다.[4] 그리고 현대사회가 과학화, 기술화, 전문화되면서 공공의 중요한 의사결정은 '소수의 전문가에 의한 전문성의 논리에 지배되는' 경향이 있다.[5] 자신의 피해 사실을 알리고 그 원인을 찾아 가해자와 협상하여 그 사실을 인정받기를 희망하는 피해자는 많지만 현실에서는 거의 불가능하기 때문에 과학적으로 인과성을 찾을 수 있는 전문가와 공식으로 인정해 줄 행정이나 기업이 필요한 것이다. 즉 사회적 약자인 주민들이 주장을 상대적으로 자유롭게 피력할 수 있게 하는 것이 거버넌스 방식이다. 거버넌스의 개념은 연구자마다 다양하게 정의하고 있으나 '다양한 관련 행위자들(정부, 지방자치단체, 기업, 시민, 정치인, 단체 등)이 공동의 목표를 달성하기 위하여 협력하고 협치하는 형태'라고 할 수 있다.

  1990년 이후부터 정치학, 행정학 등의 사회과학 분야에서 활발하게 연구되고 있는 거버넌스는 국내에서도 2000년대부터 조금씩 증가하여 현장으로 확대되었다. 이것은 국가와 사회의 경계가 모호해지고, 다양한 행위자가 정부 정책에 관여하게 되면서 공공 정책 결정에서 복잡하게 상호 의존적으로 연결된 사회 쟁점을 해결하는 방

---

4   이영환, "지역사회에 대한 갈등사회적 접근 연구:새로운 지역사회개발전략 모색을 위하여", 『지역사회개발연구』 22-2(1997), 26-27쪽.

5   이영희, "전문성의 정치와 사회운동-의미와 유형-", 『경제와사회』 93(2012), 2쪽.

법으로 주로 사용된다.[6] 또 '거버넌스 원리에 기반을 둔 위험 관리의 과정과 그 체계'를 위험 거버넌스라고 하는데 여기에는 '다양한 이해 당사자의 협력과 조정을 통한 의사결정'이 필요하다. 특히 위험 상황에서 복합성과 불확실성이 높을 때는 외부 과학자와 외부 연구자의 참여가 필요하고, 모호성이 있을 때는 추가로 시민사회의 참여도 함께 요구된다. 이러한 다양한 사람이 위험 문제 해결 관련 의사결정에 참여하는 것은 '과학적 실천 과정'이라고 할 수 있다.[7] 현재는 다양한 분야에서 정부나 지자체, 시민, 전문가 등이 연계하여 공공의 정책이나 문화, 환경문제 등을 논의하고 있으며, 정책 결정이나 갈등을 해결하는 자리에서도 논의 테이블(공론화장)을 자주 볼 수 있다.

여기에서는 내기 마을과 장점 마을의 역학조사 내용으로 제도와 다양한 사람의 얽힘을 살펴본다. 특히 장점 마을 사건은 2019년 11월 14일 환경부의 장점 마을 주민 건강 영향 실태 조사의 최종 발표회에서 "비료 공장이 배출한 유해 물질과 주민들의 암 발병 간에 역학적 관련성이 있다"라고 하여 '정부가 환경오염과 비특이성 질환의 역학적 관련성을 최초로 인정'한 사건으로 유해 물질로 인한 환경오염과 주민 건강 피해의 인과관계를 폭넓게 인정한 첫 사례이다.

이러한 결과를 도출할 수 있었던 요인은 무엇일까? 내기 마을과 장점 마을은 비슷하지만 다른 점이 있다. 결론부터 말하자면 '외부

---

6   라미경, "거버넌스 연구의 현재적 쟁점", 『한국거버넌스학회보』 16-3(2009), 91-96쪽.

7   박재묵, 『충남지역 주민참여형 위험거버넌스 구축 방안』(충남발전연구원, 2014), 10-11쪽.

인=민관협의회 민간 위원'의 역할과 정치적 움직임에서 그 답을 찾을 수 있다. 구체적으로 환경부와 주민들의 중재 및 소통의 역할을 담당하는 민관협의회 민간 위원들의 활동이 주민들의 목소리에 힘을 실어 주었고 익산시, 환경부나 정부, 언론, 정치인, 시민단체 등 다양한 분야 사람들과 네트워크를 형성하면서 가교 역할을 했다. 이들은 역학조사의 필요성을 제기하기 시작한 시점부터 피해 배상, 각종 피해 복구 및 지원이 이루어지고 있는 지금까지도 그 인연을 이어 오고 있다.

2
내기 마을, 역학조사와 그 함정

공장, 주민 및 지자체의 갈등

　내기 마을 인근의 아스콘 제조 및 비금속광물 생산 공장과 변전소, 고압 송전선로는 오랜 세월 주민들의 육체적 정신적 건강을 위협하는 요소로 자리 잡고 있었다. 시작부터 기업과 주민, 주민과 행정 간의 크고 작은 민원이 끊이지 않았지만 본격적으로 민원이 제기되고 주변 사람들에게 피해 사례가 소개된 것은 2006년경부터이다. 변전소가 생기고 25년여가 지났으며, 아스콘 공장이 가동되어 10여 년이 지난 시기다. 민원 중 하나는 전류가 흐르면서 발생하는 소음과 전자파인데 "비가 올 때쯤 되면 잉, 윙 하는 소리가 너무 크게 나서 무섭다"라고 한다. 주민마다 차이는 있지만 원인을 알 수 없는 두통으로 3년 동안 서울에서 치료를 받고 돌아온 주민도 있다.

　또 아스콘 공장이 가동되면서 주민은 "(특히) 88고속도로(4차선 확장공사), 거기 공사할 때는 지금보다 많이 뗐다. 동네가 구름 낀 것처럼 연기로 꽉 차 있는 때가 여러 차례였다. 사진도 있다. 내가 그때 사진을 찍어 놓아야겠다는 생각을 왜 못 했는지 후회가 될 정도다"라고 할 정도로 심한 악취와 먼지, 소음 등으로 고통받았다고 한다. 이러한 고통에 민원이 본격적으로 제기된 것은 마을 이장이 바뀌면서부터이다. 당시 새로운 이장은 내기 마을에서 태어났으며 계속 고향을 떠나지 않고 있다가 사업을 하기 위해 도시로 약 3년간 이주했다가 귀향한 부안 김씨 문중의 인물로 집성촌인 내기 마을에서 항렬이 낮은 편에 속한다. 그가 이장이 되면서 시민단체나 정치 권력을 가진 사람들에게 주민들의 피해 사례를 전달했고 이슈화되었다. 원주민인 이장은 당시 도시에서 3년여 동안 사업을 하다가 돌아왔을 때 공장이 가동되고 있었으며 주민들이 피해를 보고 있었다고 밝혔다. "처음에는 마을 어르신들이 왜 강력하게 민원을 제기하거나 저항하지 않고 참고 있는지 이해하기 어려웠다"라고 한다. 그때부터 이장을 중심으로 본격적으로 민원을 제기하기 시작했다.

〈표 4〉 민원 내용 및 조치

	민원 내용 및 조치
2006. 5.	- 생존권 보호 및 환경오염 방지를 위한 아스콘 공장 폐쇄 탄원(청와대, 국민고충처리위원회 등) → 대기 배출 시설(파쇄기) 미신고 수사 송치 등 관련 법 의거 조치(벌금) -변전소 고압 송전선로 하단 건강 이상 민원 제기 → 전자계 조사 결과 허용 기준 이하라고 주민 통보(한전)
2007년부터	- 인근 아스콘 제조 및 비금속광물 생산 공장과 변전소, 고압 송전선로의 건강 위해 가능성에 대해 지자체에 주민 민원 지속 제기
2007~2011	- 마을 이장을 중심으로 수시로 공장 먼지 등 관련 민원 제기 → 사업장 스프링클러 설치, 이동식 살수차 운영 → 사업장 과속방지턱, 방진벽, 덮개, 방풍림 설치

2009. 11. ~2011. 7.	- 마을 이장을 중심으로 사업장 유류 유출로 인한 농경지 오염 민원 제기 → 토양오염 방지 조치 명령 및 오염 토양 정화 조치 → 특정 토양오염 관리 대상 시설 정밀 검사 결과 부적 판정
2013. 3. 7.	- 마을 주민들은 공장과 연관하여 암 등 건강 위해 민원 제기

출처: 남원시, 『2015년도 암역학조사 지자체보조사업 결과보고서』 보고서, 2016, 13쪽. 재인용 및 편집.

마을은 동서남북이 산으로 둘러싸여 있어서 논이나 밭의 경작 면적도 적다. 또 송전선이 마을 주변을 지나기 때문에 자영업이나 주택단지로의 활용도 거의 불가능하다. 이에 주민 중 일부는 공장이나 변전소에서 근무할 수 있도록 기회를 얻기도 하였고, 개별로 피해 보상을 요구하기도 했다. 또 공장주가 지역의 유지이며 정치 세력가들과도 친분이 있기 때문에 쉽게 이들과 싸울 수 없었다. 즉 좁은 지역사회의 자본주의 권력에 의하여 사회적 약자인 주민들은 자신들의 의사를 강력하게 호소할 수 없었을 것으로 보인다. 이러한 상황에서 새로운 이장의 등장은 마을 주민들 간의 갈등으로까지 번졌지만 집성촌으로 대부분의 주민이 친인척 관계이고 실거주 인구도 적으며 고령자가 많아서인지 그 갈등이 잘 드러나지는 않았다. 마을에는 공장을 옹호하는 주민들과 이장을 옹호하는 주민들, 마을의 대소사에 큰 관심이 없는 주민들이 공존했다. 그리고 흥미롭게도 공장을 옹호하는 주민들은 주소만 마을에 두고 가까운 남원 시내에 거주하면서 가끔 마을을 찾는 사람들이 많았으며, 이들은 거주 중인 주민들에게 공장의 주장을 전달하는 역할을 하기도 했다.

그러나 확실하게 변한 것은 피해 사실이 전파되면서 지자체나 정치권에서도 관심을 가지게 되었다는 것이다. 특히 각종 암 발병 환자가 증가하고 사망하면서 다양한 언론 매체에서 이슈화하였는데 구체적으로는 2013년 10월을 기준으로 29가구, 56명의 주민 중 10여 년 동안 13명의 암 환자가 발생하여 6명이 사망하고 7명이 투병 중이라는 사실이 다양한 언론 매체에 소개되었다.[8] 당시 언론에서는 '내기 마을을 죽음의 마을'로 이미지화하여서 많은 사람의 관심을 집중시켰다.[9]

역학조사 실시 과정, 정치권력의 힘

마을 주민들의 암 발생 사실이 언론의 관심을 끌면서 관련 여론을 형성하였고, 그 과정에서 지역 정치계의 영향을 기반으로 역학조사가 이루어졌다. 앞에서도 언급하였듯이 이미 오래전부터 아스콘 공장 및 비금속광물 생산 공장, 변전소, 고압 송전선로 등으로 인한 민원은 계속 제기되고 있었다. 그런데 내기 마을 주민 40여 명 중 17명이 암 환자로 확인되었고, 특히 7명이 폐암 환자(1999년 1건, 2002년 2건, 2009~2013년 4건)로 확인되면서 공장 가동과의 연관성과 그 심각성을 의심하게 되었다. 하지만 마을의 규모나 암 환자들의 증상 등을 고려할 때, 암 역학조사 가부와 관련한 전문가들의 의견이 대립되었다. 예를 들어 다수의 폐암 환자들은 흡연력이 있었으며 통계학적으로 마을 인구가 너무 적어서 비율적으로 다른 지역과의 비교가 무의미하다는 등의 의견이 제기되었다.

역학조사 최종 보고서의 내용 중 '암 역학조사 민원 제기 건 심층 조사 필요성'과 관련한 전문가 의견에서도 이와 같은 내용을 짐작

---

8 이정숙, "암발병원인규명"정밀역학조사"-집단적으로 암이 발생한 남원 이백면 내기 마을-", 『파인뉴스』, 2013.10.24.

9 송정섭, "죽음의 내기마을, 전국적 이슈로 떠올라", 『남원포유』, 2013.9.27.

할 수 있다. 심층 조사 필요성에 대하여 8명의 전문가에게 검토 의견을 받은 결과, 필요(4명), 불필요(3명), 보류(1명)가 나왔다.[10] 이러한 상황에서 당시 남원 지역 출신의 강동원 국회의원을 중심으로 마을 주민의 건강 위해성 관련 문제를 본격적으로 제기하기 시작했다. 그는 제4대 전라북도의회 의원(1991~1995), 제19대 국회의원(전북 남원시-순창군)을 지낸 지역의 대표적인 정치인이다. 또한 언론에 자주 등장하면서 관심을 끈 환경안전건강연구소와 지역 환경단체인 전북환경운동연합이 당시 사회적 관심사이던 방사성 발암 물질 라돈(Radon) 관련 측정을 시도했다. 라돈은 '라듐에서 태어난 기체'라는 뜻으로 땅에서 자연적으로 생기는 방사성 물질이며 색깔과 냄새, 맛이 없으며, 공기(1.29g/L)보다 약 8배 무겁다. 물리적으로는 매우 불안정하여 강한 방사선을 방출하면서 붕괴한다. 지역별로는 화강암, 편마암 지질대 또는 옥천단층 지대가 분포되어 있는 강원도, 전라북도, 충청북도에서 라돈 농도가 높게 나타난다. 라돈은 인체에 대한 연구, 동물실험에서 암을 일으키는 물질이라는 충분한 결과가 나온 1군 발암물질로, 폐암을 일으키는 주요 원인 물질인 것으로 밝혀졌으며 라돈의 영향으로 폐암이 발생할 확률은 담배를 피우지 않는 사람보다 담배를 피우는 사람에게서 더 높게 나타난다.[11]

내기 마을에서 라돈을 측정한 결과 "마을 지하수 내 라돈 농도가 최저 2478pCi/L에서 최고 7664pCi/L로 미국 환경청 음용수 권고 기준인 300pCi/L의 최저 8배에서 최고 26배가 검출되면서 라돈에

---

10   남원시, 『2015년도 암역학조사 지자체보조사업 결과보고서』, 보고서, 2016, 16-21쪽.
11   환경부, 『생활 속 자연 방사성 물질, 라돈의 이해』 (환경부, 2016), 6-25쪽.

의한 암 발생 가능성"¹²이 제기되었으며, 이러한 내용이 지역에서 신뢰가 두터운 환경단체의 기자회견(2013년 9월 23일)을 통하여 발표되면서 여론을 점점 증폭시켰다. 이를 계기로 다양한 언론 및 환경단체를 중심으로 '실태 조사 실시 요구'가 확산되면서 전라북도에서도 원인 규명 의지를 표명했다. 당시 김완주 지사는 2013년 10월 23일 내기 마을을 찾아 "암 발병의 원인 규명을 위해 중앙 암역학 조사반과 함께 정밀 역학조사를 진행 중이며 주민들의 불안한 마음을 해소할 수 있도록 해결 방안 모색에 최선의 노력을 다하겠다. 또 역학조사 결과 원인이 밝혀지면 분야별 추진 대책을 마련하고 관련 예산 확보 등 조속한 문제 해결에 전력을 다할 것"이라며 마을 주변 환경의 철저한 점검과 조치를 통해 주민들의 불안감을 덜어 줄 것을 관계자들에게 주문했다.¹³ 이후 이를 검증하기 위하여 마을 주민들이 의심하는 인근 지역(아스콘 공장, 채석장, 쇄석장, 변전소, 고압 송전선)의 기초(기반) 조사가 이루어졌다(2014년 3~5월). 조사 내용은 "지질구조 분석과 암석의 우라늄 분석, 기상 분석, 지하수 및 실내 공기 중 라돈 농도 측정으로 한정하고, 본 조사는 질병관리본부가 진행하는 역학조사에 앞서 조사 대상 지역에 대한 기초적인 정보를 파악하기 위하여 실시하는 사전 조사 성격"¹⁴이 있으며, 목적은 추후 진행될 '내기 · 강촌 마을 역학조사의 기초 자료로의 활용'뿐만 아니라 '마을 주민들의 행정 불신 제거 및 심리적 불안감 해소'였

---

12 전북환경운동연합, 환경안전건강연구소, 『전북 남원 내기 · 강촌 마을 주변 환경 기초 조사 최종 보고서』, 보고서, 2014, 본문 1
13 김운협, "김완주 지사 남원 내기마을 암 발병원인 조속 규명", 『뉴시스=전주』, 2013.10.23.
14 전북환경운동연합, 환경안전건강연구소, 위의 보고서(2014) 본문 3

다.[15] 이러한 정치적인 동력을 중심으로 역학조사를 실행하기 위한 준비 절차가 신속하게 진행되었으며, 2015년 1월부터는 보건복지부 질병관리본부의 주관으로 암 역학조사가 본격적으로 시작되었다. 당시 주민들은 마을 이장을 중심으로 역학조사팀의 선정 과정부터 주도적으로 참여했다.

당시 보건복지부 보도자료 내용에 따르면, "이번 암 역학조사는 '암 관리법'에 따라 질병관리본부 내 설치된 중앙암역학조사반의 3차례에 걸친 논의 결과에 따른 것이며 실질적인 조사는 2015년 10월까지 국립암센터 주관으로 이루어질 계획이다. 조사는 남원 내기마을의 인구사회학적 특성, 생활 습관, 환경 요인 등을 종합적으로 분석하여 암 발생 증가의 유의성 여부 및 의심 요인 등 발생 원인을 확인하는 데 목적이 있다. 기존 환경 조사 자료 및 중앙암등록본부 자료를 기초로 관련 국내외 전문 문헌 등을 분석하는 한편, 암 역학조사 주민 설명회, 현지답사 및 주민 설문 등을 진행할 예정이다. 이번 역학조사의 결과는 중앙암역학조사반의 검토를 거쳐 최종 확정되며, 조사 결과는 남원시 및 소관 부처에 통보하여 필요한 경우 후속 조치가 이루어질 수 있도록 할 계획이다."[16]

---

15 전북환경운동연합, 환경안전건강연구소, 위의 보고서(2014) 본문 2
16 신재형 등, "남원 내기마을에 대한 정부 암 역학조사 실시"『보건복지부 보도자료』, 2013.10.8.

암관리법[17]

[시행 2013. 3. 23.] [법률 제11690호, 2013. 3. 23., 타법개정]

제16조(역학조사)

① 보건복지부장관은 암 발생의 원인 규명 등을 위하여 필요하다고 인정하면 역학조사를 할 수 있다.

② 제1항에 따른 역학조사의 시기·방법 및 내용 등에 관하여 필요한 사항은 대통령령으로 정한다.

〈표 5〉 역학조사 실행을 위한 진행 과정

시기	주요 내용
2013. 3. 7.	마을 주민들이 공장과 관련하여 암 등 건강 위해 민원 제기
2013. 3.	- 새정치연합 강동원 의원, 보건복지부에 암 역학조사 신청 → 질병관리본부 내 중앙암역학조사반 접수 - 최봉홍 의원실에서 전라북도 남원시 암 발생 관련 자료 요청 - 전북보건환경연구원 마을 내 개인지하수/토양/저수지 조사 → 결과, 지하수 3개 농가 일반 세균 기준치 초과, 회관/질산성질소 초과
2013. 4.~11.	중앙암역학조사반 회의 개최 - 1차 회의(2013. 4월), 2차 회의(2013. 6월), 3차 회의(2013. 9월) - 2013. 9. 24. 서울대 보건대학원 및 환경안전건강연구소가 내기마을 지하수 내 라돈 검출 주장 및 관계 기관의 실태 조사 촉구 - 2013. 10. 8. 보건복지부와 질병관리본부 "남원 내기마을에 대한 정부 암 역학조사 실시: 2015년까지 완료 후 소관 부처에 조사 결과 통보"(국립암센터 주관으로 이루어질 계획) 보도자료 배포 - 2013. 11. 14. 암 역학조사 실시 결정. 암 발생률 분석 결과 (중앙 암 등록) 내기 마을 남자 폐암이 전국 대비 약 10배 높게 발생

---

17 당시 적용되었던 2013년 암관리법 내용임. 현재 암관리법 [시행 2025. 1. 3.] [법률 제19896호, 2024. 1. 2., 일부개정]의 내용에는 ① 질병관리청장 또는 시·도지사는 암 발생의 원인 규명 등을 위하여 필요하다고 인정하면 역학조사를 할 수 있다. 〈개정 2020. 4. 7., 2020. 8. 11.〉 등으로 운영상 나타난 미비점을 개선 및 보완하기 위해 여러 차례 개정함.

18 남형진, "전북도, 남원 내기마을 민관 합동 조사협의회 구성." 『전북도민일보』, 2013.11.26.

2013. 11.	'민관합동조사협의회' 구성 합의 및 조사 진행 결정 발표[18] (대표 1, 도의원 2, 도 관계자 3, 시민단체 1, 민간전문가 3, 주민대표 2 등 10여 명) - 조사내용: 마을 주변 지질조사, 변전소 전자파 위해 여부 및 아스콘 공장 위해성 조사 등 - 운영 기간: 2013. 11. 21.~2014. 3. 20.
2013. 11. 15.	'남원시 내기 마을 암 역학조사 수행을 위한 기획 연구' - 주관 연구기관: 국립암센터 - 연구 기간: 2013. 11. 15.~2014. 2. 14.
2013. 12. 11.	관계 기관(전라북도, 남원시, 질병관리본부) 업무 협의 - 암 역학조사 수행 계획 발표
2014. 2. 12.	역학조사 기획 연구(국립암센터) 결과 주민 설명회 개최
2014. 3.	기획 연구 이후 본 역학조사의 연구 책임자 교체 요청(내기 마을 주민)
2014. 3~5.	'전북 남원 내기·강촌 마을 주변 환경 기초 조사' - 연구기관: 전북환경운동연합, 환경안전건강연구소 - 기간: 2014. 3~5.(3개월) (최종 보고서: 6월 중후반) - 조사 지역: 채석장, 강촌 마을, 내기 마을, 쇄석장, 아스콘 공장
2014. 4. 15.	조사 관련 주민 협조를 위한 관계 기관(전라북도, 남원시, 질병관리본부) 업무 협의
2014. 6. 18.	주민 설명회 개최 - 암 역학조사 향후 진행 방향(암 역학조사 수행 전문가 선정 방법 등) 안내 및 질의응답
2014. 7. 8.	주민 의견 수렴과 주민 대표와의 협의를 통한 조사 수행 기관 선정 절차 안내(질병관리본부) - 선정 사유: 과학적이고 중립적인 역학조사 수행이 가능하며, 기존 조사를 포함한 종합적인 역학조사 수행에 적합
2014. 7. 10.	관계 기관(전라북도, 남원시, 질병관리본부) 업무 협의 - 기존 연구(국립환경과학원, 전북 민관합동조사단) 결과 발표 및 논의
2014. 7. 22.	중앙암역학조사반 2014년 제2차 회의 - 암 역학조사 진행 상황 보고(주민 의견을 반영하여 연구 책임자 변경 알림)
2014. 7. 28.	주민 설명회 개최 - 기존 조사 결과(민관합동조사단, 국립환경과학원) 설명 및 향후 계획(기존 조사 결과 발표는 하지 않는 것으로 협의하며 연구 책임자 변경(국립암센터 → 서울대) 발표
2015. 1. ~ 2016. 5.	"2015년도 암 역학조사 지자체 보조 사업" 국비(3억8500만 원) + 지방비(1억6500만 원) 총 5억5000만 원

출처: 전북환경운동연합, 환경안전건강연구소, 『전북 남원 내기·강촌 마을 주변 환경 기초 조사 최종 보고서』, 2014, 본문 1-2., 남원시, 『2015년도 암 역학조사 지자체 보조 사업 결과 보고서』, 2016, 13쪽. 기타 질병정책과/질병관리본부 보도자료 참고하여 작성.

이후, 역학조사의 함정

역학조사는 2015년 1월부터 2016년 5월까지 진행되었다. 도중에 조사 방법이나 중간 조사 결과에 대한 불만으로 주민들이 조사를 거부하면서 2개월 동안 중단되기도 하여 약 15개월 만에 사업이 종료되었다. 조사 비용으로 5억5000만 원이 소요되었고, 다음과 같은 결론을 내렸다.

> "최종적으로 질병 발생과 환경 유해 요인과의 연관성이 제시되는 점, 그리고 노출 수준에 따른 발병 위험도 평가에서 현재 조사 지역에서 실제 관찰된 폐암 환자들의 숫자와 비슷한 규모의 폐암 발생이 추정된다는 점이 파악되어, 이에 따라 조사 지역에서 발생한 폐암은 지역에서 추정된 다핵방향족 화합물(PAHs)의 증가, 가구별 실내라돈의 수준, 거주 이력, 흡연력 등의 영향을 받았고, 이들 요인들 간의 상승작용 때문에 발생한 것으로 판단됨."[19]

이러한 내용의 역학조사 결과가 발표되면서 그 중심에 있었던 아스콘 공장과 지자체, 마을 주민들의 반응은 다양하게 나타났다. 먼저 아스콘 공장은 자신들이 암 발병 원인의 주요 제공자가 아니라는 점을 확인하였고, 지자체 역시 관리 부실의 여론에서 사실상 면죄부를 받았다. 하지만 변한 것이 있다면 아스콘 공장은 많은 부분에서 주민들의 작은 민원까지도 민감하게 반응하게 됐다는 점이다. 예를 들어 소음과 먼지의 가장 큰 요인이 되었던 바위나 큰 돌 등은 다른 곳에서 깨어서 공장으로 가져와 분쇄하고 이른 시간의 차

---

19 남원시, 앞의 보고서(2016), 315쪽.

량 이동 및 경적을 최소화했다. 또 공장 주변에 방풍림을 빼곡하게 심어 달라는 주민들의 요구에 따라 식재하였으며, 남원시가 후속 대책으로 시행하고 있는 불시 현장 검사에도 응하고 있다. 특히 최종 결과 발표에서 중앙역학조사반은 "첫째, 인근 아스콘 공장이 배출하는 대기오염물질(PM2.5 및 PAHs) 배출 감소를 위한 대책을 마련할 것. 둘째, 주민들이 적절한 환기를 통하여 실내 라돈 농도를 낮출 수 있도록 적극적인 교육 및 홍보를 시행할 것. 셋째, 해당 지역 주민의 흡연 현황을 파악하고 금연 클리닉 등을 통하여 흡연자의 금연을 지원할 것"[20]을 제시하고 권고했다. 이에 지자체에서는 사후 대책의 명목으로 주민들의 민원에 관심을 가질 것을 약속하며, 2016년 12월 12일에 신속하게 보도자료[21]를 통하여 후속 대책을 발표했다.

남원시는 이에 따라 현재 PM2.5에 대해서는 배출 허용 기준 이하로 배출되도록 철저히 지도하고, 다핵방족물질(PAHs)은 전문기관에 검사 의뢰하여 기초 자료를 구축하고 환경부에 배출 허용 기준을 마련해 줄 것을 건의할 계획이다. 실내 라돈 농도 저감 역시 추진하고 있다. 주민들에게 교육·홍보용 팸플릿을 제작하여 배부하고, 환기 알림 문자도 수시로 발송하여 실내 라돈 농도를 낮출 방침이다. 업체에 대해서는 사업장 주변에 편백나무를 추가로 식재하여 오염 물질의 외부 차단 및 저감 대책을 강구하도록 지도하고 있다. 민관 합동 감시 점검단 활동도 강화한다. 대기 상

---

20 남원시청, 소통과 참여〉시정홍보〉보도자료, 환경과, "이백 내기마을 암역학 조사결과 발표 후 후속대책 마련", 2016. 12. 6.
21 남원시청, 소통과 참여〉시정홍보〉보도자료, 환경과, "남원시, 이백 내기마을 후속대책 신속 추진", 2016. 12. 12.

태, 취기(악취) 상황을 수시로 모니터 하고 업체와 주민 간의 대화를 실시하기로 했다.[22]

흥미로운 점은 위의 보도자료 내용과 함께 "남원시와 연루된 아스콘 공장의 허가 및 관리 소홀, 기타 특혜 등에 대한 소문이 사실 무근"이라는 점을 언급하면서 행정 및 관리에는 문제가 없었다고 해명하였다는 것이다. 어쨌든 지자체의 담당자는 시민단체와 함께 불시에 수시로 현장 검사를 하고 있으며, 민원 발생에도 더 많은 관심을 가지고 있다고 한다. 그러나 조사 과정에서 주민들은 후속 대책에 상당히 냉소적이었다. 주민들은 최종 발표가 나온 후에 지자체로부터 아무런 도움을 받지 못했으며 건강검진 등의 항목도 잘 이행되지 않았다고 한다. 이에 반하여 지자체 담당자는 "라돈 교육 및 홍보에 대해서는 주민들이 우리보다 더 잘 알고 있다. 여기저기서 많은 말을 들어서인지 다들 전문가라 교육할 필요가 없다. (중략) 그리고 마을에 다 노인들이라 (수업에 참여할) 사람도 없다"(담당 공무원) 혹은 "금연 교육을 하고 있지만 대상자가 한 명뿐이다. 사람이 없다. 그것도 우리가 사정사정하여 오는 것이고 잘 오지도 않는다"(보건 담당)라고 했다. 또 현장 검사에 대하여 "주민들의 신뢰를 얻기 위하여 시민단체와 함께 조사에 참여하고 있으며 사전에 정보가 노출되면 제대로 된 조사가 이루어지지 않기 때문에 주민들에게 정보를 주지 않고 반복적으로 조사하고 있다"(담당 공무원)라고 말했다. 이것은 오랫동안 거듭되어 온 주민과 행정 간의 소통의 부재가 그

---

22   남원시청, 앞의 보도자료(2016.12.12.)

원인으로 보인다.

주민들은 2010년 이후 언론의 이슈화 및 역학조사가 시작되면서 과거에 비하여 공장의 악취 및 소음, 먼지가 감소하였다는 것은 실감하고 있었다. 물론 아스콘 공장은 주변 지역의 도로 공사 빈도 및 규모와도 관련되기 때문에 그만큼 공사가 감소하여 가동 횟수도 줄었다는 것을 인지하고 있었다. 그러나 여기에서 간과해서는 안 되는 문제가 바로 '라돈'과 관련된 것이다. 한 환경학자는 "라돈은 화강암 풍화토 지층이 넓게 형성되어 있는 전라북도 지역에 특히 많이 분포되어 있다. 그래서 전라북도 환경 시민단체들도 관심이 높으며 이에 대한 전라북도 차원의 대책을 요구하고 있는 실정이다. 내기 마을의 라돈 수치가 더 높게 나왔다는 것으로 미루어 보아 강력한 사후 대책이 필요하다"라고 주장하고 있다. 즉 교육이나 전단지 배포가 최선의 방법인지는 재고할 여지가 있다는 것이다.

마지막으로 역학조사가 주민들의 의심과 궁금증을 모두 풀어 주었을까? 역학조사의 목적은 긴 시간의 고통의 원인을 규명하고, 이에 응당한 책임자 처벌과 해당 공장의 가동 중지, 피해 배상, 관리 및 감독자들의 징계 조치 등이 수반되어야 한다. 즉 현실적으로 활용 측면에서 역학조사 보고서의 결론 내용은 추후에 이루어져야 할 피해 배상 및 관련자 처벌 등으로 이어질 확실한 근거 자료 중 하나이다. 다시 말해 소송 재판 등 법률 측면에서 명확히 대응할 수 있도록 근거를 제시해 주어야 한다. 하지만 내기 마을의 역학조사 보고서의 결론은 '연관성은 있으나 명확하지 않으며, 원인도 다양하여 누구에게 책임을 물어야 할지 피해 주민으로서는 난감한 결론'이라고 할 수 있다. 그리고 마을의 실거주자는 소수에 불과하고, 대부분이 병약한 고령의 노인들이어서 언론에 이슈로 오르지 않는 한 행정이나 주변 사람들의 관심을 끌지 못하는 듯하다. 더욱이 지금까지 힘을 실어 주었던 정치 세력이 권력의 힘을 잃은 후에는 더욱 그러했다. 이에 마을 주민들은 특히 행정과 관련해 강한 불만과 불신이 여전했다. 한 주민은 "(역학조사를 하면서) 계속 떠들어 대서 (중략) 마을에 부정적인 이미지를 전국적으로 소문을 다 내 놓았다. 가끔 버스 기사가 내기 마을에서 내려 주라고 하면 거기서 어떻게 사느냐고 해서 한 정류장 앞이나 뒤에 내린 적도 있다"(D, 여, 60대)라고 할 정도로 부정적인 마을 이미지는 여전하다고 했다. 이것은 역학조사가 끝난 후에 명확하고 현실성 있는 사후 대책이 없었기 때문에 발생한 주민들의 두 번째 고통일 것이다. 즉 역학조사로 회복되어야 할 마을의 이미지와 주민들의 심리적 고통은 사라지지 않았다.

다시는 이런 일이 없었으면

내기 마을 환경 갈등 사례를 통해 작은 산골 마을에서 지역 및 주민 간의 갈등, 정치권력의 힘을 확인했다. 그리고 역학조사가 끝난 이후에는 그 결과를 둘러싼 각 집단의 주장과 사후 대책을 살펴보면서 역학조사의 함정을 파악했다. 이것은 신자유주의가 만연하고 고령화사회에서, 특히 소규모 집단의 사회적 약자가 감수하고 있는 사항들로, 환경 약자 혹은 환경 정의에 대하여 재고할 수 있는 사례이다. 우리가 사회적 약자를 보호하고자 구상한 시스템이 명확한 조사 기반이나 이론이 완비되지 않은 상태에서 '원인 규명'을 제대로 하지 못하였을 때, 혹은 원인이 다양하게 분석되었을 때 그 원인의 책임은 과연 누구에게 물어야 하는 것일까? 이 사례에서처럼 원인 인자가 세 가지라면 누구에게 더 가중치를 두어야 할 것인가? 더욱이 조사를 위해 사용된 국민의 세금은 가치 있게 잘 쓰여진 것인지 반문할 필요가 있다.

또 환경문제를 해결하기 위해서는 시릴 디옹의 "정치인들은 시민 없이는 힘이 없고 시민은 정치인들 없이는 영향력이 없기 때문에 정치인, 기업인, 시민의 협력 공간이 필요하다"[23]라는 말처럼 초기에 역학조사가 가능할 수 있도록 영향력을 행사해 준 정치인들이 지금까지 계속 권력을 행사할 수 있는 위치에 있다면 상황은 바뀌었을 것이다. 그래서 다수의 환경문제 해결이 정치적 경제적 영향력 안에서 작동되고 있음을 짐작할 수 있는 사례이기도 하다.

행복하고 건강하게 살 수 있는 권리를 스스로 찾기 위해서 현재 자신들의 피해 사례를 언론에 공개하고 이슈화하여 여론을 형성하는 지역이 늘고 있다. 따라서 내기 마을 사례에서 느꼈던, 유해 물질로 인한 주민 갈등을 해결하기 위한 방안으로 삼아야 할 몇 가지를 제안하고자 한다.

첫째, 유해 물질 발생 가능성이 있는 기업은 철저한 사전 인허가 규제 및 꾸준한 관리가 선행되어야 하다. 이것은 일반적이고 당연한 행정의 의무 사항이다. 둘째, 만약 유해 물질로 인한 피해가 발생하면 명확한 원인 조사와 사후 피해 구제 대책을 마련해야 하는데 지금처럼 대학교나 연구기관에 연구 용역을 발주하여 조사를 의뢰하기보다는 신뢰성이 높은 정부 소속의 독립된 전문 역학조사 기관이 담당해야 한다. 현재 역학조사 전문가는 극소수이며, 그것도

---

23 시릴 디옹, 『작은 행성을 위한 몇 가지 혁명』 (갈라파고스, 2019), 188쪽.

원인과 증상이 다양하기 때문에 각 상황에 맞는 전문가를 찾기도 힘들고, 대상지마다 다양한 요소가 상호작용하고 있기 때문에 짧은 기간 동안 명확한 원인 물질을 밝혀내기도 쉽지 않다. 이에 다양한 분야의 전문가로 구성된 독립된 역학조사 기관을 구축하여 운영한다면 조사를 거듭할수록 축적된 경험을 바탕으로 역학조사의 신뢰성과 효율성을 높일 수 있다. 이것은 조사 내용의 질뿐만 아니라 조사(용역)만으로 소요되는 경제 손실을 줄이는 데 도움이 될 것이다.

셋째, 그 조사는 의학적·과학적 조사뿐만 아니라 인문(환경)사회학적 조사도 함께 포괄적으로 이루어져야 한다. 고통은 주관적이며 개인차가 크고, 특히 건강상의 피해는 지극히 개인적인 요소들까지 분석하고 파악하지 않으면 그 원인 관계나 고통의 정도를 밝혀내기가 힘들기 때문이다. 또 원인 물질이 다양하며 지금까지 알려지지 않고 분석되지 않은 유해 물질 혹은 현상들, 물질 간의 결합에 의해 생성된 새로운 유해 물질들까지 분석해 낸다는 것은 결코 쉬운 일이 아니며 그 유해 물질이 유발하는 증상들도 마찬가지이다. 더욱이 과학적으로 밝혀지지 않은 질병의 원인이나 증상은 외면되거나 인정되지 않기도 한다. 따라서 다양한 증상이나 반응 등을 인문사회학적인 측면에서 기록하고 정리하여 그 경향을 파악하고 분석하는 것도 필요하다. 이것은 그 필요성이 고조되고 있는 학제 간의 융합 연구와도 연결되며, 명확한 원인 규명을 위한 방법이기도 하다.

넷째, 민원 접수 및 대응을 포함하여 조사 과정이나 사후 관리 등의 절차에서 행정적 경제적 육체적 피해를 줄이기 위해서는 피해 주민들과의 소통이 절실하다. 모든 절차에서 주민, 행정, 기업 간의 소통이 중요하다. 내기 마을의 사례에서처럼 소통이 잘 이루어지지 않으면 서로에 대한 신뢰보다도 불신과 불만 및 오해가 커질 수밖에 없다. 더욱이 역학조사를 진행하는 과정에서도 소통이 중요한데 조사를 받는 지역 및 주민과 연구자, 이를 중간에서 연계해 주는 행정 간의 상호 소통이 잘 이루어지지 않으면 조사 과정뿐만 아니라 그 결과의 신뢰도도 하락하게 된다. 즉 효율적인 조사 결과를 도출하기 힘들다. 사후 대책 수립 과정에서도 행정에 대한 강한 불신, 사후 관리에서의 대립과 오해를 야기하는 장애물로 작동한다. 그리고 조사 결과를 근거로 철저한 피해 배상과 사후 대책 수립, 재발 방지를 위한 관련자 처벌이 필요하다. 무엇보다 국가 배상 절차는 피해 주민들이 실제로 납득할 수 있고 체감할 수 있는 방식으로 이루어져야 한다. 또한 유해 물질로 인한 피해자 구제와 복지 차원에서 정신적 육체적 질환을 치유할 수 있도록 맞춤형 건강검진과 진료가 장기적으로 꾸준히 이어져야 한다.

3
장점 마을, 인과성 도출 과정에서 등장한 외부인들

시기별 행위자별

장점 마을의 환경 갈등 단계는 시기별 행위자별로 4단계로 나눌 수 있다. 첫 번째는 '환경오염 피해 노출 단계'로 비료 공장의 본격 가동 시점부터 중단 시점인 2017년 2월까지이고, 두 번째는 '환경오염 피해 공론화 단계'로 2017년 2월부터 11월까지 주민과 시민단체, 민관협의회, 전문가, 정치인, 언론 등이 관심을 가지고 이슈화한 단계이다. 세 번째는 '주민 건강 영향 조사 단계'로 2017년 11월부터 2019년 11월까지 환경 역학조사를 실시하여 최종 보고회에서 역학적 인과성을 인정한 시기이다. 네 번째는 2019년 11월부터 민관협의회가 해산한 2023년 3월까지로 최종 보고회 이후 소송과 보상, 피해 복구 등을 진행하고 있는 '복구 단계'이다.[24] 여기에서는 복

---

24 김도균 외, 『피해자 삶의 복원을 위한 환경오염 피해의 사회모델 개발-오염공동체 사례를 중심으로』(한국환경정책·평가연구원, 2020), 94-95쪽.

구 단계 이전 과정에서 주목할 필요가 있는 사항들을 중심으로 함께 살펴보려 한다.

먼저, 민관협의회는 2017년 4월부터 정식으로 익산시의 위촉을 받고 활동을 시작하여 2023년 3월까지 6년여 동안 활동했다. 구체적으로 두 번째와 세 번째인 '환경오염 피해 공론화 단계'와 '주민 건강 영향 조사 단계'에서 크게 활약하였으며, 인과성이 인정되고 '복구 단계'가 진행되는 과정에서 위원들은 민관협의회를 해산하고자 했다. 그러나 복구 단계 초기에 향후 일정을 논의하는 과정에서 주민들 간에 새로운 갈등이 발생하였고, 이들을 안정화하는 과정에서 해산하지 못했다. 이후 간헐적으로 행정과 주민의 중재 역할을 하면서 주민들이 스스로 결정하고 행동할 수 있도록 보조하는 역할을 담당했다.

장점 마을은 2016년 9월 물고기 떼죽음 사건이 발생하면서 크게 여론화하였고 조직적으로 활동을 전개했다. 당시 익산 시내의 악취 문제나 석산 파괴 등의 환경 이슈들이 사회문제로 대두되던 상황에서 마을의 심각한 상황이 언론에 보도되자 관심이 집중됐다. 특히 환경 관련 전문가 및 시민단체(지역 정치인)가 마을을 방문하여 대책을 논의하면서 오염원 조사의 필요성이 대두되었다. 그때부터 마을 주민들을 중심으로 한 '장점 마을 주민대책위원회'(발대식 2017년 3월 11일)가 구축되었으며, 그달 15일에는 시민단체인 '좋은 정치 시민넷' 긴급 토론회가 열렸다. 이 토론회에서 지역 정치인과 환경 전문가는 공장과 질병 간의 역학 관계를 파악하기 위한 '조사의 필요성'을 제안했다.

그리고 2017년 4월 28일 장점 마을 암 발병 원인 규명을 위한 '장점 마을 환경 비상 대책 민관협의회'가 주민 대표 3인, 시민단체 대표(정치인) 2인, 환경 전문가 3인, 언론인 1인, 공무원 4인, 법조인(변호사) 1인으로 구성되었다. 구체적으로 익산시는 원활한 논의를 위하여 관련 부서 담당 공무원들로 구성하였고, 해당 담당과의 논의 내용이 있을 때 그 업무 담당자가 참석하는 형식으로 진행했다. 또 시민단체 대표는 좋은 정치 시민넷 대표와 협동사회경제연구소 대표이다. 시민단체인 좋은 정치 시민넷 대표는 익산시 4, 5, 6대 시의원으로 현장과 회의록 기록, 자료 수집, 주민 기자회견 및 집회를 꾸려 가는 역할을 담당했다. 다음 장에서 언급하겠지만 백서 공동 집필과 장점 마을 관련 저서를 출판하였고 관련 시민단체 활동을 비롯해 행정과 주민 사이의 연결고리 역할을 계속하고 있다. 또 협동사회경제연구소 대표는 당시 정의당 전라북도당위원장, 정의당 사무총장으로 환경부와 국회 간담회 등을 주선하는 등 지역의 환경 갈등을 정치적 측면에서 정부 차원으로 확산시키는 데 공헌했다. 이들은 2017년 5월 17일부터 거의 매달 1회씩 정기 회의를 열고 서로의 의견과 전문 지식 등을 교환하면서 해결 방안을 모색했다.

<표 6> 민관협의체 구성과 역할

	민간	민간 전문가	시민단체	법조인	행정	행정 전문가	언론인
대상	- 주민대책위원장 - 이장 - 옆 마을 목사	- 폐기물 전공 박사 - 악취 및 보건 전문 교수 - 의학 전문 교수(추가)	- 좋은 정치 시민넷 대표 - 협동사회 경제연구소 대표	- 지역 변호사(추가)	- 익산시 복지환경국장 - 녹색환경과장 - 보건사업과장	- 과거 환경 관련 공무원	- 전북일보 기자
대변	마을	마을	마을	마을	행정	행정	중립

| 주요 역할 | - 피해 호소
- 기자회견
- 언론 노출
- 항의 운동
- 설명회 및 회의 동참
- 주민 동원 등 | - 각 전문 영역에서 과학적 전문적 주장/논의 피력
- 조사 협조 등 | - 각종 기자회견, 항의 운동 문서 작성 및 동참
- 중앙 및 지방 정치계 협조 의뢰 등 | - 법적 대응 방법 등 조언
(최종 보고회 후 소송 등을 주관함) | - 회의 주관
- 각 행정 부서 담당자 대응
- 주민과 환경부 중계 역할
- 공장 부재로 공장 대리 등 | 사퇴 | - 회의 중 안건 및 진행 상황을 기사화, 여론화 |

이들의 주요 활동은 환경부 건강 영향 조사를 통한 역학적 관련성, 즉 주민 건강 피해의 원인을 찾는 것이다. 그래서 최종 보고회의 '인과성 있음'이라는 결론은 주민과 민간 위원들의 '공동의 목표'였다. 2017년 4월 위촉부터 최종 보고회가 열린 2019년 11월 14일까지의 기간을 갈등의 주요 쟁점 및 상황을 기반으로 6단계로 나누어 보았다.

〈표 7〉 단계별 민관협의회 활동(2017년 4월~2019년 11월)

단계	1단계	2단계	3단계	4단계	5단계	6단계
기간	2017년 4~8월	2017년 8~11월	2017년 12월 ~2018년 7월	2018년 7~12월	2019년 1~6월	2019년 6~11월
단계명	건강 영향 조사 수용 단계	예비 조사 단계	건강 영향 조사 용역 기관 조사 단계			
			1. 테이블 논의 중심 협동 조사	2. 현장 협동 조사	3. 갈등 심화	4. 갈등 회복
주요 사건	민관협의회 구성 → 건강 영향 조사 청구 및 수용	예비 조사 (3개월)	주민 건강 영향 조사 착수 → 중간 보고회 이전	중간 보고회 발표 → 공장 세부 조사	유사 공정 테스트 → 주민 설명회	인과관계 증명 → 최종 보고회
민관협의회 주요 활동	건강 영향 조사 청구	예비 조사 추진	조사 논의 협조	협동 조사	협동 조사	인과성 인정 공론화

- 1단계, 건강 영향 조사 수용 단계

비료 공장으로 인한 피해가 발생하면서 마을대책위원회나 주민대책위원회 등을 구성하였으나 오래가지 못했다. 마을에서는 이러한 실패 경험을 바탕으로 주민의 의견을 대변할 수 있는 위원들을 위촉하기 위하여 노력했다. 따라서 위원 위촉과 관련하여 초기에 익산시와 주민 간 갈등이 나타났으나 주민의 의견을 수렴하여 주민들이 희망하는 전문인들을 위촉했다. 이것은 지역에서 활동 중인 전문가의 수가 적은 이유도 있으나 좁은 지역의 인적 관계망에서 과거의 행적이 바로 공유되기 때문에 전문가 선택의 폭이 상대적으로 좁은 이유도 있다. 주민들은 시민단체 토론회 등으로 마을을 직접 방문하였던 전문가들을 적극적으로 추천했다.

마을은 민간 위원들을 중심으로 환경과 건강상의 역학 관계(인과성 유무)를 규명하기 위한 '주민 건강 영향 실태 조사(건강 영향 조사)'의 필요성을 제기하고 청원을 준비했다. 민관협의회 공식 회의는 익산시청 주관으로 개최하면서 주민들의 요구 사항이나 전문가 의견 등을 행정에 직접 전달하고 갈등 해결을 위한 논의를 수행하였으며, 관심 있는 주민들도 자유롭게 방청하면서 의견을 피력했다. 그 외에도 민간 위원들은 수시로 회의를 개최하여 청원서를 준비하기 위한 현장 조사와 자료 취합, 전문가 의견 등을 공유했다.

이러한 공식 모임이 지속되면서 민원을 제기해도 해결책을 못 받았던 주민들이 품었던 행정 불신이 조금씩 줄어드는 계기가 되었으며, 주민 내부 갈등도 줄어들고 주민들을 한자리에 모이게 했다. 이에 주민들은 마을 환경문제에 관심을 가지게 되었으며 기자회견이나 시위 등에 적극적으로 동참하고 자신들의 주장을 제기하기 시작했다. 요약하면 1단계는 주민들이 원하는 민간 위원들을 중심으로 민관협의회를 구성하여 환경부가 건강 영향 조사를 수용하도록 청원서를 준비하고 제출하였으며, 현장 조사와 자료 준비 등을 하면서 예비 조사의 필요성도 함께 제기했다. 특히 민간 전문가는 공장이 폐쇄된 상황이라는 점을 감안하여 수시로 공장 내부 조사의 필요성을 제기하였고, 시민단체는 청원이 수용될 때까지 주민 의사 반영과 사회적 여론을 형성하기 위해 노력했다.

- 2단계, 예비 조사 단계

1단계에서 제기된 '예비 조사'는 익산시의 주관으로 이루어졌다. 이 조사는 환경부 건강 영향 조사의 필요성을 공고히 하려는 목적과 공장이 멈춘 상태에서 사전에 '유해 물질로 인한 피해 가능성'을 밝혀낼 원인 물질을 추적하고자 한 것이다.

예비 조사는 익산시가 발주하고 민관협의회 전문가들을 중심으로 3개월 동안 최소 지원금으로 진행되었다(민간 전문가, 시민단체). 주요 조사는 주민들의 과거 피해 내용과 관련한 공장 운영상의 문제점 제보, 환경 변화 내용 등을 바탕으로 건강상의 영향을 줄 수 있는 유해 물질을 파악하고 그 힌트를 찾기 위한 것이었다. 주민들은 처음에는 기대하지 않다가 점차 조사원들이 마을을 방문하고 조사하는 현장을 보면서 조사에 동참하고 유해 물질로 인한 과거의 기억을 공유했다. 그러나 공장 측은 공장 내부 조사를 강하게 거부하였으며 이를 중재하는 행정의 소극적이고 미온적인 협조는 주민과의 갈등을 유발했다. 그해 11월의 최종 보고에서 아래와 같은 결론을 도출하였는데 이는 뒤에 건강 영향 조사의 원인 물질을 찾는 데 중요한 단서가 되었다.

마을의 생활용과 농업용 지하수, 호소 저질, 마을에서 보관 중인 유기질 비료와 공장내 비료, 공장 주변 경계 지역 등에서 유해 물질인 다환방향족탄화수소(PAHs) 성분 검출.
피마자박이 포함될 수 있는 원료와 제품과 비산물에서 리신(Ricin) 검출.
비료 원료인 피마자박, 집진 시설 분진 및 연초박(잎)을 열분해할 때 다양한 발암 관련 물질의 생성 확인 등[25]

- 3단계, 조사 용역 기관 조사 단계_1. 테이블 논의 중심 협동 조사

2단계에서 예비 조사가 진행되는 중에 건강 영향 조사 관련 조사 용역 기관이 선정되었다. 선정 과정에서 지원 업체가 없어서 유찰되기도 하였으나 결국 초기에 마을을 방문하였고 남원 내기 마을의 건강 영향 조사에 참여한 조사 기관이 선정되었다.

조사 용역 기관은 2017년 12월부터 환경부 주관으로 12개월 동안 건강 영향 조사인 '전북 익산시 함라면(장점 마을) 환경오염 및 주민 건강 실태 조사'를 계획했다. 이 조사에서는 담배특이니트로사민(TSNAs), 다환방향족탄화수소(PAHs), 중금속을 잠재적 관심 유해 물질로 선정하고, 오염 배출원 조사,[26] 지역 환경 영향 조사,[27] 건강 영향 조사[28]를 통하여 종합적인 분석을 시도했다.[29] 여기에 익산시

---

25 익산시, 『환경정책 개선방안 마련을 위한 장점마을 백서제작』, 보고서, 2021, 85쪽. 예비 조사 결론 인용
26 비료 공장 및 주변 업체, 유사 연료 사용 업체 및 유사 공정 업체 조사.
27 매립 폐기물, 제품 원료, 지표수, 지하수, 폐수, 토양, 침적 먼지, 식물(소나무 잎), 악취, 휘발성 유기화합물, 미세먼지, 대기 확산 모델링, 건강 위해성 평가
28 건강검진과 설문 조사(장점 마을/대조 지역), 지역 건강 자료 분석
29 국립환경과학원, 『전북 익산시 함라면(장점마을) 환경오염 및 주민건강 실태조사』, 보고서, 2018, 4쪽.

는 자료 협조를 담당하였고, 예비 조사를 담당한 민간 위원들도 민간 전문가들을 중심으로 테이블 논의에 협조했다.

그러나 조사가 진행되는 과정에서 부도로 폐업한 공장 내부의 조사 허가 건으로 갈등이 재발하여 조사가 불가능하게 됐다. 이 과정에서 주민과 조사자 및 행정 간의 갈등이 심화되었고, 민간 위원들이 중재 역할을 했다. 이러한 갈등은 건강 영향 조사 중간 보고회에서 표출되었는데 중간 보고회를 비공개로 진행하려다가 주민, 환경 단체, 언론 등이 반발하였으며 결국 주민 대표 30명이 참여하는 방식으로 변경하기도 했다.

- 4단계, 조사 용역 기관 조사 단계_2. 현장 협동 조사

2018년 7월 18일 건강 영향 조사 중간 보고회가 끝나고, 그 결과를 두고 주민, 민관협의회, 시민단체 등은 반발했다. 주민들은 조사 용역 기관을 교체해야 한다며 강도를 높였으며, 민간 위원 민간 전문가들은 환경부에 중간 보고회 평가 의견서를 제출하면서 조사 내용과 결론 등의 문제점과 향후 과제 등을 제안했다.

그리고 민간 위원들이 직접 건강 영향 조사의 현장 조사에 주민들과 함께 적극적으로 참여하게 되었으며 환경부 및 조사 용역 기관을 감시하는 역할도 담당했다(민간 전문가). 즉 환경부(국립환경과학원), 민관협의회, 주민, 익산시, 조사 용역 기관이 함께 현장 조사를 실시하기로 결정한 것이다. 그 과정에서 10월에는 공장 내 불법 폐기물 매립지를 발견하였고 주민과 민간 위원들은 언론 보도와 기자회견 등(시민단체)으로 공장 내 전수조사, 법적 조치(행위자 처벌) 등을 요구했다. 그러나 공장은 이미 타 업체에 매각된 상태였기 때

문에 익산시의 공장 용지 매입과 매각업체의 공장 내 시설 및 현장 훼손 등의 문제 등이 갈등을 야기했다. 특히 주민과 민간 위원들은 비료 공장의 공정에서 가장 중요한 건조 공정인 '로터리 킬른'이 밤중에 철거되어 다른 업체로 팔려 가는 모습을 지켜보면서 익산시의 미온적인 행동에 다시 실망했다.

- 5단계, 조사 용역 기관 조사 단계_3. 갈등 심화

5단계와 6단계는 환경부에 공식적으로 인과성을 인정받기 위한 노력과 활약이 가장 잘 드러나는 단계이다. 중간 보고회(2018년 7월 18일)가 끝나고 거의 1년 만에 최종 결과 보고와도 같은 건강 영향 조사 주민 설명회(2019년 6월 20일)가 개최되었는데 결론이 공식화되기까지 '갈등 심화 단계'와 '회복 단계'가 나타났다.

조사 초기부터 민간 위원들(민간 전문가, 시민단체)은 정확한 조사를 위해서 '사업장 재가동'을 요구했다. 하지만 타 업체에 공장이 매각되었고 한동안 시설 관리를 못 하여 폭우에 기계의 상당 부분이 침수된 상태에서 재가동을 시도하였으나 점검 결과 불가능 판정을 받았다. 이에 유사 공정으로 가동 중인 비료 공장을 찾아 '환경 측정과 원료 배합 등의 협조'를 받고자 하였으나 유사 비료 공장의 선정과 조사 내용 인정 과정에서 갈등이 심화했다.

유사 업체 조사는 조사 용역 기관이 처음부터 조사 항목으로 넣었던 사항이다. 그러나 유사 공장을 찾기가 힘들었으며 찾아도 공장 내 조사 협조를 받기가 쉽지 않았다. 겨우 환경부의 도움으로 두 업체의 협조를 얻어 조사하였으나 그 업체 측정값이 공장 가동 당시의 배출량과 유사하다고 보기에는 한계가 있었다(민간 전문가 지적).

5단계는 최종 보고회를 대비한 주민 설명회를 앞두고 '갈등 심화 단계'라고 할 정도로 짧은 기간에 주민, 시민단체, 민관협의회 위원들의 다양한 활동과 사건 등이 이어졌다. 구체적으로 공장 내 불법 매립 오염물 전수 조사, KT&G를 상대로 한 연초박 처리 관련 수사를 제기하였으며(시민단체), 익산시도 주민 건강검진 지원 등의 주민 복지를 추진했다. 특히 주민과 행정 간의 갈등은 '익산시와 전라북도를 상대로 감사원 공익 감사 청구'로 표면화되었다. 주민들은 관리·감독의 의무를 다하지 않은 관련 행정기관을 상대로 '감사원 공익 감사 청구서'를 익산시 시민단체 등과 함께 제출했다(2019년 4월 22일). "감사 청구서는 접수일로부터 30일 이내에 감사 실시 여부를 결정할 수 있다(감사원공익감사청구 처리 규정 제13조). 감사 청구에 대한 감사 실시를 결정한 날부터 60일 안에 감사를 종결하고 감사 종결 후 10일 안에 그 결과를 청구인에게 통지하여야 한다(제14조)"[30]라는 법령이 있기에 빠른 결과를 기다렸다. 하지만 감사 결과는 2020년 8월 5일에 익산시만을 대상으로 '익산 장점 마을 집단 암 발생 사건 관련 지도·감독 실태 공익 감사 보고서'[31]로 통지되었다.

결국 2019년 6월 20일 주민 설명회에서 환경부는 "영향을 준 것으로 보이지만 과학적 인과관계 해석은 어렵다. 하지만 피해구제법의 지원은 받을 수 있다"라는 모호한 결론을 내렸다. 이 결론일을 최고의 갈등 심화 단계로 본다.

---

30   https://www.law.go.kr/법령/국민감사청구·부패행위신고등처리에관한규칙
31   감사원, "익산 장점 마을 집단 암 발생 사건 관련 지도·감독 실태 공익감사 보고서", 보고서, 2020.

[조사용역팀] 발표 내 "…배출되어 공장 근로자와 공장 인근 장점 마을 주민의 암 발생에 영향을 준 것으로 보여진다."

[환경부] 발표 내 "…건강 영향 조사 이전에 공장 가동이 중단되어 환경 인체 노출량 파악이 곤란하였고, 위해도 평가 결과 발암 위해도가 관련 규정에서 정한 범위를 초과하지 않았으며, 적은 인구에 대한 조사인 점 등이 과학적 인과관계 해석에 한계가 있다. 환경부는 익산시에 주민 건강 관찰 등 사후 관리를 요청하고, 피해 주민에 대한 피해 구제를 환경오염 피해 배상 책임 및 구제에 관한 법률에 따라 추진할 계획이다."[32]

• 6단계, 조사 용역 기관 조사 단계_4. 갈등 회복

주민 설명회에서 공장과 발암 간의 인과관계 인정에 대한 환경부의 모호하고 소극적인 태도에 주민, 민간 위원, 시민단체 등이 반발했다. 주민 설명회 결과의 수정을 요구하면서 정치권력의 활용과 전문 학술적 판단, 여론 등의 도움을 구했다.

주민들은 연초박의 원인을 제공한 업체에 항의하였고, 민간 위원 중 정의당 소속 시민단체 위원은 정치권력을 활용한 국회 토론회와 기자회견을 준비했다. 또 한국역학회 회원인 민간 전문가는 역학 전문가들의 자문회의을 통하여 '그 관련성이 인정됨'을 국회 토론회에서 주장했다. 이 자리에서 한국역학회장은 '정부 기관의 역할은 주민 피해 원인을 밝히는 것이다. 정부 기관이 주민들을 위해 나서 주지 않으면 주민들이 겪지 않을 문제를 겪게 된다'라며 환경부의 '발암 관계 규명에 소극적인 태도'를 비판했다.

---

32 익산시, 앞의 백서 보고서(2021), 120쪽.

특히 주민들은 국회 방문이나 KT&G 방문 집회, 기자회견 등에 전세 버스를 타고 동참했다. 명확하게 주민들의 피해 사실을 공식화하기 위하여, 그리고 환경부의 소극적인 태도를 바꾸기 위하여 여론을 형성하며 전문가들의 의견을 수렴하고 자신들의 의지를 피력하는 데 동참했다. 이런 다양한 노력으로 결론의 문구를 수정할 수 있었다. 사회적으로 권위 있는 학회의 의견은 갈등 해결 과정에서 정당성을 확보하는 데 큰 역할을 했다. 이것은 행정 측도 주민 측도 아닌 학술 전문가들의 의견이었기에 상기한 '정치적 합리성보다 과학적 합리성'에 맞는 해석이 가능했다. 그 결과 건강 영향 조사가 시작된 지 2년 만인 2019년 11월 14일 최종 보고서 발표회에서 다음과 같이 결론이 나왔다.

> 비료 공장이 퇴비(교반 공정)로 사용해야 할 연초박을 불법으로 유기질 비료 원료(건조 공정)에 사용했으며, 허술한 방지 시설 관리로 건조 과정 중 휘발되는 연초박 내 TSNAs 등 발암물질들이 제대로 처리되지 않고 대기 중으로 배출되어 장점 마을에 영향을 주었으며, 이로 인해 비료 공장과 주민 암 발생 간의 역학적 관련성이 있는 것으로 판단된다.[33]

환경 갈등에서 주민들에게 고통을 준 원인으로 공장의 불법 행위와 행정의 허가 및 관리·감독 소홀을 포괄적으로 지적하였고, 무엇보다도 건강 영향 조사에서 '소극적인 정부(환경부)가 환경오염 피해로 인한 비특이성 질환의 역학적 관련성을 인정한 첫 번째 사

---

33 국립환경과학원, 앞의 보고서(2018), 620쪽.

례'라는 점에서 의미가 크다. 그리고 이 자리에서 주민들은 환경부와 전라북도, 익산시에 주민 피해 구제, 건강관리, 오염원 제거 등의 사후 관리를 요구하면서 복원 대책을 제안했다. 이러한 환경 사건은 사회문제이기 때문에 과학적 인과성이 공식 인정되면 피해자에게는 배상 및 보상을 요구할 권리가 생긴다. 즉 환경 갈등 해결을 위하여 공공의 비용이 소요되는 것을 의미한다.

단계별 갈등 양상과 민간 위원들의 역할

민관협의회 회의록과 당시의 상황 등을 중심으로 단계별 갈등과 협력 양상을 도식화하면 다음과 같다. 공장은 폐업하고 건물주도 바뀌었기 때문에 익산시가 비료 공장을 대리하게 되었다. 하지만 법원의 경매로 소유주가 변경되는 과정에서 공장 출입 및 조사가 불가능하게 되었으며 이 과정에서 중재 역할을 해야 할 익산시의 소극적인 태도가 주민이나 민간 위원들, 조사 용역 기관 간의 반복적인 갈등을 야기했다. 단계별 갈등 및 협력 양상에서 민간 위원들의 역할 변화와 전환점 등을 중심으로 간략하게 정리한다.

먼저 1단계에서는 민관협의회를 구성하고 공장과 주민 건강의 역학적 관련성을 밝히기 위하여 환경부에 건강 영향 조사를 청원하였으며 이 청원은 수용되었다. 이 과정에서 다수의 주민은 수용 가능성을 낮게 보았기 때문에 관심이 낮았다. 민간 위원 중 2명이 전문위원회 위원으로 참여하여 청원을 준비하였지만 공장 가동이 멈춘 상황이기 때문에 환경부도 많은 기대를 하지 않은 듯하다.

2단계에서는 배출원의 가동이 멈춘 상태로 시간이 지나고 있다는 한계점을 보완하기 위하여 민간 위원들의 요구로 예비 조사를 추진

<표 8> 단계별 민관 위원들의 역할과 전환점

1단계: 건강 영향 조사 수용 단계	2단계: 예비 조사 단계	3단계: 건강 영향 조사 _테이블 논의 중심 협동 조사
건강 영향 조사 청원 ⇒ 수용	민간 위원 중심 예비 조사 ⇒ 유의미한 결과 도출	공장 내부 조사 금지 ⇒ 조사 갈등
4단계: 건강 영향 조사 _현장 협동 조사	5단계: 건강 영향 조사 _갈등 심화	6단계: 건강 영향 조사 _갈등 회복
합동으로 추가 조사 ⇒ 공장 내부 조사	유사 공장 조사 등 갈등 심화 ⇒ 주민설명회 결론 불만	국회 발표와 역학회 자문 ⇒ '인과성 인정'

* ↔는 갈등, →←는 협력을, 거리는 관계성을, 화살표의 폭과 채도는 강도, 적극성을 표현.

했다. 이 과정에서 공장 내 조사가 불가능하여 공장과 주민 간의 갈등과 불신이 커졌으나 민간 전문가 및 시민단체 민간 위원들이 수시로 마을을 방문하고 조사하는 과정을 지켜보면서 역학조사에 관심을 가지게 되었다. 민간 위원 중 환경 전문가와 마을 대표, 시민단체 위원들이 함께 마을의 원인 물질을 찾는 조사를 담당했다. 이 조사의 분석 결과 수치가 유의미하게 도출되었기 때문에 주민과 민간 위원들은 '인과성 도출 가능성'에 희망을 가질 수 있었다.

3단계에서는 환경부의 조사 용역 기관이 건강 영향 조사를 시작하여 중간 보고회를 열기 전까지의 과정이다. 행정 측과 주민 측이 협력하여 조사 용역 기관의 역학조사를 도왔는데 행정 측 전문가가 탈퇴하고 후임자를 찾지 못하게 되면서 주민 측 전문가와 시민단체를 중심으로 논의를 진행했다. 익산시에서 행정 측 전문가로 추천한 인물이 과거 비료 공장의 인허가에 관여한 전 익산시 환경 담당 직원이라는 사실이 밝혀지면서 주민과 민간 위원들이 위촉에 반대한 것이다. 그 후에 행정 측 전문가로 나서 줄 적임자를 찾지 못했으며 지원자도 없었다. 행정과 주민 간의 환경 갈등은 지역 정치와도 관련된 다양한 문제가 함께 작동되기 때문이다. 결국 조사는 조사 용역 기관이 중심이 되었으며, 민간 위원들은 테이블 논의에서 보조 역할을 했다.

4단계에서는 조사 용역 기관의 중간 발표회 내용과 결과를 듣고 주민과 민간 위원이 반발하였으며 조사 기관과의 갈등이 심화했다. 이를 해결하기 위하여 환경부 국립환경과학원, 조사 용역 기관, 주민 측 민간 전문가 등이 현장 조사에 직접 참여(협동 조사)하여 추가 조사를 수행했다. 이 과정에서 주민 제보로 공장 내 불법 행적들을 발견했다.

5단계에서는 4단계의 협동 조사 과정에서 유사 공장을 이용한 비교 조사 건으로 갈등이 야기되었다. 공장이 멈춘 상태에서 객관적이고 명확한 원인 물질을 찾는 것은 한계가 많기 때문에 유사 공장의 비교 조사를 희망하였으나 그 결과 분석의 유의미성을 놓고 주민 측 전문가의 지적이 나왔다. 즉 결론 도출에 영향을 줄 수 있는 부분이므로 민간 위원들과 환경부의 견해차가 컸던 것이다. 이것은 민간 위원들(특히 민간 전문가)이 조사에 직접 관여하면서 조사와 결론 내용을 직간접으로 공유하였기 때문에 가능했다고 보며, 주민 설명회의 결론 발표를 갈등의 정점(최고조)으로 볼 수 있다.

6단계는 주민 설명회 결론 내용에 표현된 환경부의 소극적 문구를 명확하게 바꾸는 과정이다. 민간 위원들이 4단계와 5단계에서 역동적으로 조사에 참여했다면 6단계에서는 주민과 정치권력, 외부 전문가들의 도움을 받았다. 여기에 '과학적 합리성'과 여론, 국가권력 등이 작동했다. 이는 민간 위원들의 정치력으로도 해석할 수 있다.

든든한 울타리가 된 지역 전문가들

장점 마을 환경 갈등 해결 과정에서 민관협의회 민간 위원들의 역할이 컸다. 주민을 대변한 민간 위원들은 민간 전문가, 시민단체, 법조인으로 나뉘며, 이들은 각각 폐기물, 악취, 의료 전문가로 구분된다. 각 전문 영역에서 조사에 협조하거나 잘못된 점을 지적하고 주민의 생각을 대변했다. 구체적으로 '민간 전문가'인 폐기물, 악취 등의 환경공학 전문가는 건강 영향 조사의 필요성을 제기하고 객관적인 학술 정보 등을 공유하였고 논의와 조사에 적극적으로 참여하고 의견을 피력했다. 특히 '의료 전문가'는 최종 결론에서 학회의 도움을 요청하였고 외부 연구자들의 도움으로 정당성을 확보할 수 있었다. '시민단체'는 주민과 함께 각종 기자회견과 시위 등의 연설문 등을 작성하고 주민들과 동참하였으며, 중앙 및 지방 정치계의 협력을 유도하여 정치권력과 여론을 형성하는 데 크게 공헌했다. '법조인'은 공장 내부 조사나 행정 간의 관리 감독의 부재 등 공장과 행정 간 법적 대응을 조언하고 주민이 행동할 수 있도록 도왔다. 이들이 본격적인 역할을 한 때는 최종 보고회 이후로 주민의 대변인이 되어 행정과 법정 소송을 주도하고 있다.

민관협의회의 특징은 성공한 거버넌스 운영이라고도 평가할 수 있는데, 그 가운데 '민관협의회에서의 민간 위원들의 역할'을 정리하면 다음과 같다.

첫째, 민간 위원들은 주민 측을 대변하지만 극단적인 파행을 막기 위해 형평성을 가진 논의로 '행정-주민의 논의 이탈을 차단하는 역할'을 했다. 마을의 갈등 원인으로 행정의 관리 부재가 초기부터 언급되었다. 민관협의회가 행정도 함께 소통하는 자리이므로 정치적으로 행정이 유리하게 논의를 이끌어 가는 것을 민간 위원들이 차단하고 감시하는 역할을 했다. 둘째, 원인을 찾는 공동의 목표를 훼손하지 않도록 매달 회의 목표에 부합하는 세부 주제에 합의하고, 지속하여 단계적 문제를 해결할 수 있도록 민간 위원들은 '울타리 역할'을 했다. 주민들은 예비 조사에서 전문가와 함께 조사에 동참하였고 조사 과정을 지켜보고 설명을 들으면서 사태의 심각성을 인지했다. 처음에는 무관심하고 소극적이던 주민들도 반복하여 마을을 방문하고 설명회나 기자회견 등에 동참하고 응원하는 민간 위원들을 보면서 공동의 목표를 가진 동반자로 인식하기 시작하였고 위원들의 의견을 신뢰했다. 셋째, 정부 건강 영향 조사에서는 논의 테이블에서 벗어나 직접 협동 조사에 참여함으로써 '조사 감시 및 책임 제공을 통한 적극적인 긴장 관계를 유지하는 역할'을 했다. 거버넌스 운영은 다양한 변수가 수시로 발생하기 때문에 각 상황 및 갈등에 맞는 대처와 조정 기능(기술)이 필요하다. 주민, 행정, 환경부, 조사 용역 기관과 소통하면서 각 상황에 따라 테이블 논의에서 현장 조사까지 적극적으로 참여했다. 즉 조사 용역 기관의 결과만을 기다리기보다는 이들과 협력하면서 합동 조사로 내용을 공유하고 의견을 제시했다. 이는 최종적으로 결론의 도출과 내용 전환에 영향을 주었다.

참여한 민간 위원들의 공통점 및 특징은 다음과 같다. 첫째, 지역의 상황과 갈등을 이해하고 경험한 지역 전문가들이 적극적으로 참여했다. 주민 측에서 지정한 전문가들은 익산과 전주 지역의 환경 분야 전문가로 오랫동안 지역 환경문제와 갈등 해결을 연구하고 있다. 이들은 모두 지역의 지리·지형 등 자연환경의 특수성과 주변 공장의 생산 공정 등을 숙지하고 있었으며 농촌 주민들의 삶, 환경 인식이나 심리, 내외부 사정 등에도 이해가 높았다. 이는 해당 지역을 기반으로 활동하는 전문가의 장점으로 볼 수 있다. 둘째, 현장을 자주 방문하고 주민들과 소통하면서 의견과 정보를 상시 공유했다. 공식 및 비공식, 대면 및 비대면 회의나 모임을 지속적으로 진행하였고, 담당 전문 위원들은 수시로 의견을 공유했다. 이는 역학조사에서 주민들과 소통하면서 오염 원인 물질을 찾고 조사하는 데 도움이 되었으며, 주민들의 신뢰를 받으며 책임감을 가진 전문가로서 행정이나 환경부 전문가들과 일대일로 자유롭게 의견을 피력할 수 있는 기반이 되었다. 원인은 현장에 있기 때문에 주민들과의 소통은 매우 중요한 조사 방법 중 하나이다. 셋째, 일반적으로 발생 가능한 주민 내부 갈등을 최소화하도록 마을 공동체 내부의 중재 역할도 담당했다.(환경 전문가, 시민단체, 법조인) 주민의 신뢰를 바탕으로 마을 내 갈등이나 해결할 과제가 있을 때 해결책을 제시하기도 하였으며, 주민에게는 막막하기만 한 정부와의 싸움을 지지해 주는 '보이지 않는 힘'이 되었다. 넷째, 중앙 및 지방정부의 관리 책임을 유지하기 위하여 여론과 정치권력을 활용했다.(시민단체) 당시 민관협의회 구성원인 지역과 정당 정치인들의 도움으로 서명 운동, 언론 매체 출연, 국회 토론회 개최 등 다양한 방식으로 전국적인 관심을 이끌어 냈다. 물론 정치인들의 적극적인 활동에는 선거 기간이 던 당시의 상황과도 관련이 있다. 마을의 환경문제를 주제로 지역 정치인들은 환경문제를 언급하면서 장점 마을을 찾았고 대책 마련에 노력하겠다며 다양한 정책(안)과 지원(안) 등도 언급했다. 19대 대통령 선거(2017년 5월 9일), 제7대 전국동시지방선거(2018년 6월 13일)에서 관련 정치인들이 마을을 찾기도 했다. 더욱이 새롭게 취임한 익산시장은 직접적인 책임이 없었으므로 여론의 동요에 맞게 객관적으로 행동할 수 있었으며, 과거의 잘못된 환경 정책을 바꿀 계기로 이용하기 위해 다양한 보도자료를 통하여 주민들을 위로하거나 함께 저항하는 모습도 보여 주었다.

이는 환경 갈등 해결 과정에서의 지역 전문가들의 역할과 가능성을 확인했다. 민간 위원들은 마을의 환경 갈등을 해결하는 가교 역할을 했다. 갈등 해결 과정 혹은 거버넌스 운영 과정에서는 협의체 구성원의 역할이 중요하기 때문에 지역마다 환경적 지리적 인문적 특성이 다르듯 이를 숙지한 지역 연구자나 전문가들은 그 지역의 환경문제를 해결하는 데 더 효과적이다. 특히 많은 정책이 수도권의 전문가가 중심이 돼 구성되고 진행되는 상황에서 지역의 특수성을 감안한 정책의 필요성과 지역 전문 연구자의 육성, 소통과 중재의 중요성이라는 시사점을 제공한다. 또 기존의 역학조사는 대부분 환경부나 용역 기관을 중심으로 조사가 이루어지기 때문에 피해자가 인과성을 인정받기가 현실적으로 어려웠다. 그러나 이 사례는 환경부 역학조사에서 주민을 대변하는 민간 위원들이 적극적으로 협력(공동 조사)하여 환경 피해의 원인 물질을 함께 찾고 주민 피해를 증명하였다는 점에서 가치가 있으며 시사하는 바도 크다. 즉 피해 원인 물질을 도출할 때, 민(民)과 관(官)이 협력하는 민관협의체의 바람직한 사례이다.

3부 복구와 복원

1. 되돌리기 위한 환경오염 피해 구제
2. 피해 공식 인정받은 장점 마을, 그리고 변화
3. 사회적 관심과 성과

1
되돌리기 위한 환경오염 피해 구제

환경오염 피해 구제란?

환경오염 피해 배상 책임 및 구제에 관한 법률(환경오염피해구제법)에 따르면 '환경오염 피해'란 '시설의 설치·운영으로 발생하는 대기오염, 수질오염, 토양오염, 해양오염, 소음·진동, 그 밖에 대통령령으로 정하는 원인으로 다른 사람의 정신적 피해를 포함한 생명과 신체 및 재산에 발생한 피해'를 말한다. 다만 해당 사업자가 받은 피해와 종업원이 업무상 받은 피해는 제외한다.[1] 환경오염 사고나 사건 등으로 오염 피해가 발생하면 자연환경과 생활환경 모두에 영향을 줄 개연성이 크다. 또 마을 공동체 구성원 간의 신뢰, 규범, 네트워크 등 사회적 자본이 상실되어 큰 비용이 지출되며 공동

---

1 환경오염 피해배상 책임 및 구제에 관한 법률[시행 2025. 1. 1.] [법률 제20386호, 2024. 3. 19., 일부 개정] 환경부(환경피해구제과-환경오염피해구제 제도, 환경오염피해구제계정, 환경책임보험)

체 내 갈등이 발생하여 이전으로 회복하기가 어렵다.[2] 한 연구에서도 허베이 스피리트호 기름 유출 피해 지역을 대상으로 회복 과정을 AHP 기법(Analytic Hierarchy Process, 계층 분석적 의사결정)을 이용해 분석하였는데 공동체 복원 정책의 우선순위가 경제적 차원, 사회적 차원, 생태적 차원, 제도적 차원, 지역사회 역량 차원, 기반 시설 차원 순으로 나타났다. 즉 환경오염 피해는 사회적 재난으로 피해자 손해배상이나 원상 복구 등과 관련한 제도적 법적 장치 마련이 중요하다.

이러한 법적 규제 장치는 최근에 만들어졌다. 구체적으로 1986년 11월 화학 및 의약품 회사인 산도스사의 스위스 바젤시 라인강 주변 창고 화재로 비료 제조에 사용하는 유독 물질(살충제, 살균제, 수은 1.9톤 등)이 라인강에 흘러 들어갔다. 이 유독 물질이 포함된 강물은 상류인 스위스에서 프랑스, 독일, 네덜란드로 흘러가면서 물고기 등 수서생물 및 저서생물 폐사, 상수도 공급 중단 등의 피해를 유발했다. 이에 산도스사는 막대한 피해 보상금을 지급했다. 그리고 1989년 3월 22일에는 유엔환경계획(UNEP)의 주도로 바젤시에서 유해 폐기물 불법 이동을 규제하는 '바젤협약(Basel Convention)'을 채택했다.[3] 바젤협약이란 선진국의 기업 등이 자국의 엄격한 규제를 피하기 위하여 유해 폐기물을 후진국 등에 밀수출하거나 매각하거나 부정 처리하는 등의 행위로 환경오염이 국제 문제로 부각됨에 따라 후진국의 환경보호 및 지구 환경보호를 위한 국제 협력의

---

[2] 양기근, "재난피해지역의 공동체 회복 전략: AHP 기법을 이용한 우선순위 측정을 중심으로", 『사회과학연구』 37-2(2011), 74쪽.

[3] 박석순, "20세기 환경사건들-죽음의 라인강", 『환경관리인』 140(1998), 9-10쪽.

필요성을 제기한 협약이다.[4] 즉 환경오염에 대한 국제 협력과 관심의 필요성을 제기한 것이다.

이 사고로 피해를 본 독일이 1990년에 '환경 책임법'을 처음으로 제정했다. 한국에서는 2007년 12월 충남 태안 기름 유출 사고 이후, 2012년 9월 구미 가스 누출 사고 등 대규모 환경오염 피해가 발생하면서 사회적으로 관심을 모았다. 이에 2016년에 독일의 사례를 참고하여 '환경오염 피해 배상 책임 및 구제에 관한 법률(환경오염피해구제법)'을 제정했다. 이 법은 '시설의 설치 및 운영과 관련하여 환경오염 피해가 발생할 때는 불가항력을 제외하고 해당 시설 사업자가 그 피해를 배상하도록 하고 있다.[5] 이는 피해자 보호를 최우선으로 '피해가 발생하지 않았더라면 유지될 수 있었던 상태로 회복시키는 것을 목적으로 하는 원상회복주의를 인정'하여 생태적 손해가 발생하면 금전적 보상과 '자연환경 복원'을 청구할 수 있도록 했다.[6] 원상회복 방법은 '교환가치의 배상'을 말하는데 금전배상이 아닌 훼손된 자연환경이나 자연경관의 복원이 해당하고 직접 원상회복 후 비용을 청구할 수도 있다. 그러나 훼손된 자연환경의 원상 복원은 자연환경 및 자연경관의 관계나 훼손 범위, 훼손 및 피해에 대한 책임 법리, 복원 주체, 훼손 및 피해 산정 등 고려할 부분이 상대적으로 많다. 이에 "제한적 범위, 사적 이익을 넘어 자연환경 훼손에 대한 범위 확장을 위하여, 법에 따른 무과실 책임의 형식적 선언

---

4 기획재정부 홈페이지. "시사경제용어사전." https://www.moef.go.kr/

5 김영경, "환경오염피해에 대한 사업자의 무과실책임", 『경희법학』 51-4(2016), 402-404쪽.

6 김영경, 앞의 논문(2016), 416쪽.

규정(독립적인 자연환경 훼손의 불인정, 피해 산정의 난해함 등)과 현실적 구제 방법(제도적으로 구체화되지 않은 증명 책임 등)의 모색"이 요구된다.[7]

하지만 사업자 및 기업이 '부당하지 않은 한도 내에서 배상하도록 하고 있으며 지속 가능한 경영을 보장하기 위하여 배상 책임 한도액을 제한'하고 있다. 이러한 조항은 책임 주체 확정, 적용 대상 시설 한정, 인과관계 추정 등으로 손해배상 책임 요건을 명확히 하여 피해자가 신속하게 사업자에게 배상 책임을 물을 수 있는 구조를 마련하기 위해서다.[8] 그러나 여기서 가장 중요한 것은 원인을 제공한 시설과 피해가 '상당한 개연성'이 있는지를 밝혀내는 것이다.

환경오염 피해 구제를 위한 급여와 현실

환경부나 지자체의 환경 역학조사 등에서 오염원과 피해자 사이의 개연성 여부는 '시설 가동 과정, 사용된 설비, 투입되거나 배출된 물질의 종류와 농도, 기상 조건, 피해 발생의 시간과 장소, 피해의 상태와 그 밖에 피해 발생에 영향을 준 사정 등을 고려하여 판단'하며, 인정되면 '환경오염 피해 구제를 위한 급여(구제 급여)'를 피해자나 그 유족이 신청할 수 있고 의료비, 요양 생활 수당, 장의비, 유족 보상비, 재산 피해 보상비를 지급받을 수 있다.[9] 한편 법적으로 유

---

7 이준서, "환경오염피해 배상책임 및 구제에 관한 법률 상 자연환경훼손의 복원가능성과 한계", 『환경법연구』 40-3(2018), 80-81쪽.
8 김영경, 앞의 논문(2016), 425쪽.
9 환경오염피해 배상책임 및 구제에 관한 법률, 제1장 총칙, 제9조(인과관계의 추정), 제4장 환경오염피해구제, 제23조(환경오염피해 구제), 법제처 국가법령정보센터 홈페이지. "환경오염피해 배상책임 및 구제에 관한 법률."

해 물질 배출 행위와 공중의 생명과 신체 위험에 상당한 개연성이 인정(확정)되었다는 것은 행위자(사업자 등)에게 형사책임을 귀속시키기 위한 객관적인 전제가 된다.[10] 2016년에 제정된 환경오염 피해로 구제 급여를 받은 사례는 대구 안심연료단지 진폐증 사례, 가습기 살균제 사례, 경기 김포시 거물대리 사례 등이 있다.

예를 들어 대구 동구 안심 연료단지 진폐증 사례는 2016년에 단지 주변 주민 20여 명이 중증 폐질환을 앓게 되었다며 연탄 업체 4곳을 상대로 손해배상 청구 소송을 제기한 사건이다. 7년 후인 2022년 10월에 법적 분쟁이 타결되었는데 대구고등법원은 "주민들은 연탄 업체의 불법 행위 책임이 없음을 인정하고, 업체들은 주민들(6명)에게 일정액의 부조금을 지급한다"라는 내용으로 '조정에 갈음하는 결정'을 내렸다.[11] 또 가습기 살균제 사례는 정부의 연구 지원과 2017년 8월에 '가습기 살균제 피해 구제를 위한 특별법(가습기살균제피해구제법)'이 제정될 정도로 피해 규모가 크며 여러 차례 개정을 거치면서 피해 인정 범위를 넓히고 '가습기 살균제 피해 지원 종합 포털'사이트를 운영하며 피해 지원 신청을 받고 있다. 물론 신청한다고 하여 모두 지원 대상이 되는 것은 아니다. 신청자 가운데 심사를 거쳐 인정받은 피해자들에게 다양한 형태로 지원이 이루어지고 있다.

---

10 오광석, "환경범죄에 있어서 역학적 인과관계론", 『법학연구』 13(1995), 163쪽.
11 김은혜, "대구 안심연료단지 연탄업체 상대 손해배상 소송 7년 만에 타결", 『대구 MBC』, 2022.10.25.

<표 9> 지원 대상자 현황, 구제 급여 지급 결정 현황(단위: 명, 백만원)
2025년 7월 31일 기준

구분	신청자 (중복 제외)	피해자	진행 중 신규	진행 중 재심사	불인정	반려	철회
합계	8,014	5,908	511	187	930	426	239
생존	6,102	4,541	306	139	649	388	218
사망	1,912	1,367	205	48	281	38	21

구분	합계 (중복 제외)	구제 급여 요양급여	구제 급여 요양생활수당	구제 급여 장의비	구제 급여 간병비	구제 급여 장해급여	구제 급여 특별유족조위금	구제 급여 특별장의비	구제 급여 구제급여조정금	기타 배상차액	기타 진찰·검사비	기타 긴급의료지원
금액	198,262	22,795	66,418	497	4,293	2,954	85,392	2,318	6,240	6,830	14	512
인원	4,478	3,501	1,508	192	136	22	878	878	83	31	56	47

출처: 가습기살균제피해지원 종합포털〉자료실〉통계자료 https://www.healthrelief.or.kr/home/content/stats01/view.do

　

한편 이러한 문제는 환경 갈등이나 환경오염 피해의 해결 과정에서 갈등의 주요 요인으로 작용하므로 더욱 현실성 있는 법적 기준과 범위 확대가 필요하다는 지적도 있다. 가습기 살균제 의심 피해의 인정에서도 대질 질환을 고시하고 신청자 개별 심사를 거쳐 결정하지만 대부분 비특이적 질환으로 다양한 질병 사이의 과학적 근거(확실한 근거)를 단기간에 확보하기가 힘들다. 이에 '상당한 개연성(인과관계)'의 판단과 인정 기준의 근거 마련에도 긴 시간이 필요하다고 주장한다.[12] 또 장점 마을 사례와 비슷한 시기에 관심을 모았던 김포시 대곶면 거물대리 사례는 동일하게 비특이성 질환을 인정받아 2019년에 신청 주민 8명에게 피해 급여를 지급했다. 이는

---

12 박태현, "가습기살균제 피해의 행정구제의 문제점과 개선방안", 『한국환경보건학회지』 45-5 (2019), 310-320쪽.

정부의 공장입지 규제 완화 정책으로 254개의 공장(주물 공장, 목재, 펄프, 고무 화학물질 관련 공장 등)이 거물대리(2018년 현재 거주자 70가구 150여 명)에서 운영하면서 심각한 오염 물질을 배출한 사건으로 주민들에게 천식, 폐렴 등 호흡기 질환과 고혈압, 협심증 등 심뇌혈관 질환, 피부 질환 등의 원인을 제공했다는 점을 인정한 것이다.[13] 특히 환경 피해는 사회계층, 지역, 성, 연령, 인종, 세대 등에 따라 피해 정도가 다르게 나타나며 그 대응에도 차이가 난다. 이러한 상황에서 환경 정의는 제도적 장치로 이해 당사자가 의사결정에 참여하고 정보를 공유하며 동의를 표현하는 과정에서 실현된다.[14] 정리하자면 이러한 관점에서 볼 때 장점 마을 사례는 환경 갈등 해결 과정에서 주민의 의사가 많이 반영되었으며 복구 과정에서의 주민 소송 결정과 합의 등도 그 연장선으로 해석할 수 있다. 그러나 장점 마을과 같이 환경오염 갈등 해결 과정에서 '주민 소송'까지 진행된 사건은 극소수이다. 충북 제천시의 시멘트 공장 주변 주민(50여 명)이 관련 회사를 상대로 낸 손해배상 소송에서 15명에게 그 피해를 인정하고 배상한 사례가 있으나 폐업한 기업을 대신하여 관리 감독 기관의 책임을 물어 주민 소송을 진행한 것은 처음이다. 그래서 장점 마을 사례는 환경 갈등 해결과 관련하여 성공 사례로 평가되며 이 사례에서 환경 사회적 시사점과 교훈을 도출할 수 있다.

따라서 환경오염 피해의 '상당한 개연성'을 인정받은 장점 마을

---

13 박광국·김정인, "환경정의 구현 정책방향에 관한 시론적 연구: 김포 거물대리(里) 사례를 중심으로", 『환경정책』 28-3(2020), 189-191쪽.

14 윤순진·장미진. 2005. "자동차 배기가스 오염, 환경정의 관점에서 바라보기: 문제의 구성과 해부, 대안의 탐색", 『ECO』 9(2005), 11-12쪽.

을 중심으로 복구 단계에서 보이는 주민들의 피해 보상 과정과 자연 원상 복원 과정의 양상과 특징 등을 살펴보았다. 특히 환경오염 피해로 인한 책임은 해당 시설 사업자나 소유주 외에도 정부나 지자체에 전환 가능한 사회적 법적 책임이 따른다는 점을 고려하여 주민 지원 사업과 소송 등의 내용에 더욱 집중했다.

2
피해 공식 인정받은 장점 마을, 그리고 변화

지자체의 사후 관리 주민 지원 사업

건강 영향 조사 결과가 발표되자, 지자체(전라북도, 익산시)는 신속하게 대응했다. 2023년까지 206억여 원을 지원하여 12가지 주민 지원 사업을 시행할 계획이라고 발표했다.[15] 익산시는 '친환경 장점 마을(친환경 시범 마을) 조성'을 위한 방안도 제시했다. 결국 사후 관리 대책 사업은 주민과 마을의 공동체 회복에 중점을 둔 '사후 관리 사업', 폐쇄된 공장 활용 사업인 '용지 활용 사업', '마을 환경 개선 사업'의 3개 분야 14개 사업이 진행되었다. 이는 장기간 오염 물질로 피해를 본 주민의 건강관리와 삶의 질 향상뿐 아니라 마을 이미지 회복에도 적지 않은 영향을 주었다.

---

15 엄철호, "익산 장점마을 12개 후속 지원사업 윤곽", 『전북일보』, 2020.2.16.

<표 10> 장점 마을 주민 지원 사업 내용

구분	익산시 및 전북도 사업
사후 관리	① 마을 지붕, 집안 내 침적 먼지 제거 및 복구(도배 장판 교체 및 청소)
	② 공장 내 매립 폐기물 제거
	③-1 저수지 인근 논 등 오염원 제거 후 복구 　　토양 정화 처리 사업, 토양 정화 처리 검증 용역
	③-2 저수지 인근 논 등 오염원 제거 후 복구 　　저수지 배수로 준설, 농지개량, 콘크리트 포장 제거 복개, 수로관 설치, 사토장 복구, 그라우팅 등
	④ 암 환자 발생 지역 주민 건강관리(건강검진비, 의료비 지원 등)
	⑤ 장점 마을 환경오염 사후 관리 모니터링 용역 　　장점, 왈인, 장고재 마을 일원 토양, 저수지, 지하수 오염도 검사 등
	⑥-1 장점 마을 농산물 수매 지원(2019년 농산물 도매시장 경락 가격 적용)
	⑥-2 휴경지 경관 작물 심기 사업
	⑥-3 장점 마을 복토 사업
용지활용	⑦ 해당 공장 비료 교체 사업(타 유기질 비료로 교체)
	⑧ 공장 용지 활용 방안 용역(용지 타당성 검토 및 활용 방안 수립)
	⑨ 공장 용지 활용 사업
마을 환경 개선	⑩ 마을 만들기 사업(종합 개발 사업) 　　진료소, 주민복지센터 신축 　　마을 만들기 기본 계획 수립 용역
	⑪ 지붕 슬레이트 철거, 슬레이트 해체 및 지붕 개량
	⑫ LPG 소형 저장 탱크 보급 사업(산업통상자원부 사업)
	⑬ 장점 마을 하수 처리 시설 설치
	⑭ 주민 태양광 설치 지원(추가 사업)

출처: 김도균 외, 『환경오염피해 공동체의 복원력 강화 연구: 갈등관리를 중심으로』(한국환경연구원, 2022), 35쪽. 에 근거하여 저자 편집 및 추가 작성.

사업 내용은 대부분 주민과 민관협의회 민간 위원의 의견을 반영했으며, 추진은 익산시의 해당 부서가 담당했다. 처음 제시한 13개 사업에 '마을 환경 개선 사업'으로 태양광 설치 지원이 추가되었으며, 마을 내 시설 사업은 2023년까지 신속하게 모두 완료되었다.

첫째, '사후 관리 사업'으로 오염된 자연환경과 주거 환경을 개선하기 위해 오염물 제거 및 복구가 이루어졌다. 원상 복원 사업으로 환경 측면과 주민 건강관리 사업이 진행되었는데 먼저 공장을 포함한 마을 안팎의 오염 물질을 제거했고, 지붕 교체와 복토(희망자), 경관 식물 재배(희망자), 주민복지센터와 보건소 건립(마을 환경 개선 사업) 등으로 경관도 크게 변했다. 특히 2020년에는 매립 및 침적 폐기물을 제거하고 복토하는 과정에서 대상 토지와 공장 내부에 오염 물질을 흡수할 수 있는 경관 식물로 코스모스를 한 해 심었으며 현재는 일반 농지로 이용하고 있다.

하지만 당시 다양한 지원 사업에서 일부 주민이 신청 대상에서 누락되거나 정보 공유가 늦어져 참여하지 못하는 등 크고 작은 갈등이 발생했다. 고령자가 많은 농촌 마을에서 이장은 행정과 주민 사이에서 연결 고리 역할을 한다. 또 오랜 세월 공적 사적 서류는 이장의 손을 거치는 경우가 많았다. 특히 지원 사업 신청이나 소송 관련 개인 서류 등의 제출 과정에서 행정은 제일 먼저 이장에게 문서나 전화로 관련 정보를 전달하여 주민들에게 공지하도록 하고 있다. 하지만 이 과정에서 대규모 소송이나 지원 사업 등에 경험이 없는 이장이나 주민들 사이에 새로운 갈등이 야기됐다. 구체적으로 이장이나 주민 간 갈등을 야기했고, 나아가 주민과 행정 담당자 및 추진 업체 간의 갈등으로도 확대되었다. 그 결과 주민들과 이해관계가 적어 중립을 지킬 수 있으며, 다양한 서류(공문서)를 잘 해석할 수 있고 적극적이며 성실한 젊은 편인 50대 여성을 새 이장으로 선출했다.

둘째, '용지 활용 사업'으로 오염원의 발생지인 폐공장(익산시 매입)의 새로운 활용 방안을 모색했다. 주민들은 초기에 "익산시는 장점 마을 암 발병원인 비료 공장 용지 매각에 녹색공원 외 공장 및 야적장 등 일체의 허가를 불허하라!-마을 전 주민은 생존권을 지키고자 끝까지 투쟁한다!", "집단 암 발병 원인 역학조사 중에 금강농산 매각이 웬말이냐 장점 마을 주민과 대책위는 목숨 걸고 현장을 사수한다", "익산시와 시의회는 수십 명 주민 목숨과 바꾼 금강농산 부지를 주민 녹지공원으로 도시계획 즉시 변경하라!" 등의 내용으로 현수막을 만들어 공장 진입로에 설치했다. 하지만 시간이 지날수록 주민들의 가해 공장에 대한 관심은 줄어들었고 지역구 정치인이나 전문가 등의 의견으로 활용 방안이 결정되었다.

공장 용지 활용과 관련한 용역 사업이 진행되는 과정에서 일부 주민과 민간 위원 등은 '역사적 공간'이나 '환경 교육장'으로 활용하기를 희망하였으나, 한편에서는 '공장을 부수고 공원화하기'를 요구하기도 했다. 공장 용지 활용과 관련하여 2021년에 익산시는 '생태 축 복원 사업'으로 3년간 총 65억 원을 확보하였으며, 2022년 11월에 '장점 마을 도시 생태 축 복원 사업 계획 고시'를 시작으로 기본 및 실시 설계 용역을 발주하는 등 사업을 본격화했다.[16]

셋째, '마을 환경 개선 사업'으로 사후 관리 사업과 연계하여 주거 환경 개선 등 주민 복지를 위한 다양한 시설물 설치가 이루어졌다. 주민들은 벽지나 지붕 교체, 태양광 설치, LPG 설치 등과 같이 주민 생활에 직접 이익을 주는 사업에 만족도가 높았다.

"태양광은 전기료가 확 줄더라고요. 3만 원씩 내다가 1만 원 내

---

16 홍인철, "'암 집단 발병' 익산 장점마을 생태축 복원 본격화", 『연합뉴스』, 2022.11.25.

니 좋더라고요. 다른 집 하는 것 보고 알고 우리도 해 달라고 했어요. (중략) LPG는 도시처럼 아파트처럼 사니까 어느 촌이 이런 거 있겠어요. 주민들이 아파트처럼 가스 놓아 달라고 말해서 놓았어요. 이거 공사하면서 심야 전기랑 다 없애고 난방이랑은 가스로 다 바꾸고. 사람 있는 곳만 보일러 돌아가면 되니까 많이 나오는 집들은 많이 나온다고 한다는데 우리는 방 하나만 때니까 비슷해요."(LS, 70대, 여)

반면 공동으로 이용하는 주민복지센터나 보건지소 건립 및 운영과 관련한 갈등이 새로이 발생했다. 익산시는 원래 주민복지센터를 보건소와 한 건물에 설치하기로 계획했으나 일부 주민의 반발로 독립된 건물로 건립했다. 그러나 마을의 규모에 비하여 주민복지센터의 규모가 너무 크고 고령인 이용자의 편의를 고려하지 않은 비효율적인 설계, 매달 소요되는 시설 관리비와 소방 관리비 등의 마을 부담이 새롭게 발생했다. 이에 이장은 주민복지센터의 일부 공간을 외부 기관 등에 특강이나 강연 공간으로 사용하도록 홍보하여 대여료를 받거나, 태양광 발전 수익 등을 활용하여 그 비용을 충당할 수 있도록 하려고 노력하고 있다.

"다 크면 좋은 것인지 알고 크게 크게 하다가 이렇게 되었죠. 노인들이 어떻게 2층에 올라가겠어요. 다리도 아픈데 그냥 1층으로 만들었으면 좋았을 텐데. 관리비도 많이 들고 엘리베이터는 그냥 설치만 하면 되는지 알았나 봐요. 유지한다고 돈 들고 체크하는 데 돈 들고. 마을에 이런 돈이 어디 있어요. 그냥 잡아도 이것저것 100만 원은 여유가 있어야 하는데 이런 돈이 어디 있나요. 그래서 태양광 설치해서 전기 팔아서 사용하려고 했는데 시에서 설치해 준 태양광 발전 시설은 전기만 차감하는 것이지 돈으로 바꿔서 쓸 수는 없다고 하네요. 아무 생각 없이 막막해서 그냥 문 닫아 놓았어요. (중략) 시에서도 감당 못 하니 처음 계획대로 (소규모로) 하자고 했었거든요. 몇몇 사람들이 설치는 바람에 (문도 못 열고) 동네 창피네요."(C, 50대, 여)

이렇게 다양한 복구 사업이 동시에 진행되면서 직간접으로 주민과 행정, 사업체 간의 소통이 잘 이루어지지 않아 갈등을 야기하기도 하였으나 마을은 공장 가동이 멈추고 시간이 지나면서 청정한 자연환경을 회복하고 있었다. 2021년 11월에는 마을을 산책하던 주민이 농수로에서 수달을 발견하면서 복구 사업, 특히 환경 복원 사후 관리가 잘 진행되고 있다는 희망의 메시지를 주기도 했다. 또 주민들의 피부 질환이 치료되거나 건강이 좋아졌으며 다양한 지원 사업으로 삶의 질도 함께 개선되었다.

합의했으나 국가 책임 인정받은 주민 소송

2019년 11월 14일 최종 발표회장에서 환경부 피해 구제 담당자가 '환경피해구제법'의 개념과 절차 등을 설명하며 주민들이 '피해 구제의 대상'이라고 언급하였고 신청하도록 권고했다. 그러나 주민들은 2019년 11월 17일 신문 보도를 통해 "피해 구제는 대상이 선별적이고, 신청해도 다 선정되는 것도 아니며, 배상 액수 역시 그동안 치료비의 자기 부담금 정도만 지원하는 등 그리 많지 않은 것으로 안다. KT&G 및 비료 공장, 행정 당국 등을 상대로 한 사실상의 법적 소송 준비에 들어간 상태다"[17]라고 발표했다. 그리고 이틀 뒤인 19일 마을 설명회에서 '민주화를 위한 변호사 모임'(민변) 전북지부 변호사를 법률 대리인으로 선임해 진행하기로 했다고 발표했다. 그 후 '비료 공장이 불법 가공할 수 있도록 원료를 제공한 KT&G와 관리 감독을 소홀히 한 행정 당국(익산시, 전라북도)'을 상대로 '환경오염 피해 사고 관련 위자료 청구' 손해배상 소송 및 민사조정이 진행되었다.

환경오염으로 피해를 입은 주민이나 단체가 그 책임이 있는 기업이나 행정기관을 상대로 금전적 보상을 요구하는 절차가 손해배상 소송(민사재판 절차)이다. 반면 민사조정이란 민사에 관한 분쟁을 법관 또는 법원에 설치된 조정위원회가 간이한 절차에 따라 분쟁의 양 당사자로부터 각자의 주장과 생각을 듣고 관계 자료를 검토한 후에 다양한 사정을 참작하여 당사자들이 서로 양보하고 타협하여 합의하도록 주선하고 권고함으로써 종국에는 화해에 이르게 하는 법 절차이다. 민사조정 절차의 큰 흐름을 살펴보면 조정 신청→조정기일→법원이 신청인과 상대방에게 일시와 장소 통지→출석→쌍방이 납득할 수 있는 합의나 권고 등의 순으로 진행된다. 여기서 합의가 이루어지면 그 내용이 조서에 기재되고 조정이 성립되지만 '조정을 하지 아니하는 결정', '조정에 갈음하는 결정' 등을 내리면 자동으로 소송으로 이행되어 소송 절차에 따르게 된다.[18]

이러한 민사소송을 추진한 이유는 '주민의 대부분이 과거의 각종

---

17 엄철호, "익산 장점마을 주민들, 피해구제 신청 포기 소송 직행할 듯", 『전북일보』, 2019.11.17.
18 심학무·김오식, 『환경소송학』(홍문관, 2004), 366-368쪽. 개념 인용 및 요약

증빙서류를 준비하고 제출하기 어려운 고령자인 점'과 환경부에서 제시한 '환경 피해구제법의 절차가 까다롭고 배상금이 민사소송에 비해 적다는 점'이 가장 컸다. 이는 민간 위원들과 상의하고 주민 투표를 거쳐 다수의 찬성으로 결정되었다. 소송은 민변 소속 변호사 28명이 신청자를 나누어 관리했다. 초기 신청자는 연초박 반입이 기록된 2007년부터 공장 가동이 중지된 2017년까지 총 10년 동안 마을에 살았던 주민과 해당 기간 중 살았던 거주자, 사망자의 가족(상속자) 등을 포함한 175명이었으며, 보상액으로 총 157억 원을 청구했다.

〈표 11〉 장점 마을 주민 소송 과정

일자	주요 소송 절차	주요 내용
2020. 7. 14. 신청	**전북도, 익산시 상대로 손해배상 소송 및 민사조정 신청**	주민 175명, 보상액 총 157억 원 청구
2020. 10. 28.	1차 손해배상 민사조정	
2020. 12. 8.	2차 손해배상 민사조정	익산시: 조정 금액 50억 원 제시 익산시에 더는 책임 묻지 않기
2021. 1. 28.	3차 손해배상 민사조정 -본안 소송 전환	익산시: 불응 주민 조정안 변경 요구 사항: 1) 보상액 80억 원 제시 2) 의료비 보조 정책 2026년까지 1인당 연간 3000만 원 제시(당시 1인당 300만 원)
2021. 3. ~ 8.	민사조정에 대한 의견 조율 등 간담회 개최(4회) 의료비 지원 상향 요구, 부정수급자 관리 방안, 조정문(안) 협의 등	조정문(안) 1) 익산시, 전북도 공동으로 2022년 2월 28일까지 조정 금액 지급 2) 조정 금액 지급은 피고들이 이 사건에 관해 손해배상 채무를 인정하여 지급하는 것은 아님을 확인 3) 익산시는 장점 마을 주민들에게 의료비 지원을 위한 조례 제정

2021. 6. 15.	1차 장점 마을 민사소송 변론 준비기일	익산시, 불수용자 및 추가자는 본안 소송 진행 판사, 병합 심리 검토
2021. 8. ~ 9.	조정 금액의 재원 비율 등 전북도 협의	익산시, 전북도 공동 부담, 조정 금액 재원 비율 7:3 등
2021. 9. 30.	2차 장점 마을 민사소송 변론 준비기일(50억 원 합의)	익산시, 전북도 50억 원 합의 불수용자 및 추가 소송 제기자 본안 소송 진행
2021. 11. 15. (1차) 위로금	전주지법 화해권고 결정 판결	'장점 마을 주민 175명에게 50억 원을 나눠 지급하라' 전북도, 익산시 반씩 부담 계획
2022. 2.	해당 주민들에게 보상금 지급	146명에게 총 42억6000만 원 지급 완료
2023. 11. 23. (2차) 배상금	이후, 추가 27명 소송 1심 판결	'인정하며 익산시와 전북도가 청구 금액의 30%를 지급하라'
2024년 상반기	지급 완료	

출처: 민관협의회 회의 자료(제36차) 및 소송 관련 신문 기사 내용 등을 참조해서 작성

그러나 전라북도와 익산시는 청구한 금액에 대해 "50억 원 이상은 어렵고 향후 지자체에 법적 책임을 묻지 말라"라는 방침을 고수했다. 특히 '법적 책임을 묻지 말라'라는 이들의 요구에 주민들은 강력하게 반발했다. 익산시는 소송 중에도 주민들과 계속 협의하겠다고 했으나[19] 대립이 심했으며, 여러 차례의 조정 및 간담회 등을 거쳐 2021년 11월에 '화해 권고 결정'(전주지법) 판결을 받았다. 주민들은 이 조정(안)을 놓고 찬반 투표를 진행했는데 약 85%가 조정(안)에 찬성했고 반대하는 일부 주민은 개별 소송을 진행하기로 했다. 구체적으로 초기 소송 희망자 175명 중 서류 미제출로 인해 부적격자가 된 4명을 제외한, 171명 중 146명(85.4%)이 찬성하고 25명(14.6%)이 반대했다. 당시 수용하는 데 찬성한 146명 외에 조정 반

---

19 전북민주언론시민연합, "결국 소송 가는 익산 장점마을과 엇갈린 한정애 환경부 장관의 행보",『전북민주언론시민연합』, 2021.1.29.

대 주민 18명, 서류 미제출자 4명, 협의에 반대했다가 번복한 7명 등 29명은 법원의 판결이나 전라북도의 결정에 따라 처리할 예정이며 익산시도 이에 적극 협조할 것으로 밝혔다.[20] 결국, 1차로 수용에 찬성한 146명은 조정 금액 약 43억 원을 2022년 2월경에 지급받았다.

한편 개별 소송을 진행 중인 주민 중 일부(대부분 50~60대)는 초기에 합의하여 받는 금액보다 소송을 거치면 더 많은 보상금을 받을 수 있다고 생각하기도 했다. 이들은 소송 과정에서 '부적격 청구인'이 포함되었다고 주장하며 언론에 문제를 제기하거나 변호사 및 주민 간의 갈등을 일으켰다. 즉 수용 찬성자와 반대자 간의 갈등은 마을 공동체에 보이지 않는 벽을 만들었다.

> 전라북도와 익산시를 상대로 소송을 제기한 청구인은 모두 176명. 이 가운데 청구인 자격이 없는 이들이 포함돼 있다는 주장이 제기됐습니다.
>
> (중략) 비료 공장이 운영되던 시기에 마을에 살지 않았는데도 일부 주민들이 보증을 서 소송에 참여할 수 있게 됐다는 겁니다.
>
> [익산 장점 마을 주민/음성 변조: "몇몇 증언만 가지고 소송 청구인이 됐다는? 5명만 (거주지 증명을) 해 오면 (청구인으로) 인정해 줬어요." "그 사람들이 서로 돌려막기(인우 보증)를 해서 서로 이렇게 부풀려 놓은 겁니다."]
>
> 서류상 주소는 장점 마을이지만, 실제 마을에 살지 않은 이들이

---

20 박경우, "익산시 '집단 암 발병' 장점마을 보상 착수… 146명 42억 지급", 『한국일보』, 2021.12.7.

청구인에 포함됐다는 주장도 나왔습니다. (중략) 집단 손해배상 소송에 참여한 청구인들의 기록을 입수해 살펴봤는데 마을에 거주한 기간이 공장 운영 시점과 맞지 않는데도 거주했다고 주장한 사례가 일부 있습니다. 이 기록을 작성한 민변 전북지부는 비료 공장이 운영되던 지난 2007년부터 10년 동안 장점 마을에 주소를 둔 거주민, 그리고 사망한 주민의 경우 상속인들의 신청을 받았다고 밝혔습니다. 또 마을에 살지는 않았지만 농사 등의 이유로 자주 머문 사람들도 농지 원부나 주민 보증 등을 통해 소송에 참여했다고 덧붙였습니다. 장점 마을 대책위는 청구인 자격을 두고 논란이 있지만 명확히 가리기 어렵다고 말합니다.[21]

합의 불수용자 25명 중 18명은 자비로 소송을 진행했고 7명은 처음에 반대하다가 찬성으로 번복한 사람이다. 번복한 사람들은 바로 익산시에 재조정을 희망했으나 받아들여지지 않았고 사비로도 소송에 참여하지 않았다. 이 외에 추가 소송자 12명은 소송 정보 전달이 늦었거나 서류 제출 과정에서 누락되어 초기 소송자 명단에 들어가지 못한 사람들이다. 가족이나 단기 체류자인데 진행되는 상황을 보면서 늦게 참여한 사람이 많았다. 이는 환경 피해자의 배상 및 보상 기준이 공식적 법 해석과 각 사례의 특수성을 고려한 객관적이며 구체적인 기준이 없기 때문에 발생한 것이다. 또 제출된 서류(신청서)에 입각하여 대상자를 선정하였기 때문에 공정성을 문제 삼는 주민들이 발생한 것으로 보인다.

한편, 이렇게 갈라진 주민들 가운데, '국가배상 청구 소송'으로 진

---

21 이수진, "익산 장점마을 "부적격 청구인 포함 주장…"스스로 취하해야"", 『KBS 뉴스』, 2021.4.9.

행한 주민 등 27명의 1심 판결이 3년 만인 2023년 11월 23일에 아래와 같이 나왔다.

> "익산시와 전북도가 비료 공장에 대한 감시·감독 의무(비료관리법·폐기물관리법·대기환경보전법·악취방지법)를 해태해 주민들이 비료 공장 가동 중 발생한 발암물질·악취·매연·폐수 등으로 생활환경을 침해받고 신체·건강상의 장애를 겪게 됨에 따라 심대한 정신적 고통을 입었다"며 (중략)
> 재판부는 "익산시·전북도 소속 공무원들이 법령상·조리(條理)상의 감독 의무를 다했다면 비료 공장이 연초박(담뱃잎 찌꺼기) 등을 사용해 유기질비료를 생산하는 것을 막거나, 이를 통해 발생한 유해 물질이 공장 외부로 배출되는 것을 막을 수 있었을 것으로 봄이 타당하다. 익산시·전북도 소속 공무원의 감독 의무 위반과 주민들의 손해 발생 사이에 상당한 인과관계 역시 인정할 수 있다"고 밝혔다.[22]

이렇게 다시 한번 행정의 관리·감독 의무 위반과 주민들의 손해 발생 사이의 인과관계를 인정하며 원고의 청구를 일부 승소 판결했다. 그리고 2022년 상반기 합의금(위로금) 지급액에 준하는 손해배상금을 지급했다.

여기서 흥미롭고 의미 있는 부분이 있다. 이 소송에서 두 가지 결론이 도출됐다는 점이다. 먼저 2021년 11월에 현실적 결정으로 '합의에 의한 위로금'이라는 명목으로 85%가 넘는 사람이 합의했다.

---

22 박임근, "'집단 암 발병' 익산 장점마을, 국가배상 소송서 일부 승소", 『한겨레』, 2023.12.4.

그리고 여기에 합의하지 않은 27명은 2년 후 '국가배상 청구 소송'에서 손해배상을 인정받았다. 물론 1차 판결 내용이 다음 판결에 결정적인 영향을 주었다고 생각하지만 그 의미와 가치는 다르다. 처음에는 거대 행정을 상대로 다수 주민이 합의했으나 나중에는 국가배상까지 끌어낸 것이다. 다시 말해 환경 갈등 사건에서 명확하게 주민들이 국가의 책임을 인정받았다는 데 큰 의의가 있다.

또 주민들은 2026년까지 의료비로 기존의 1인당 연간 300만 원에서 3000만 원으로 상향해 지급받게 되었는데 이는 암 등의 투병자를 고려한 것이며 해당 주민이 치료비 영수증을 익산시에 제출하면 한도 내에서 후불로 지급한다. 주민 중 지속하여 의료비 지원을 받는 주민은 암 투병자와 피부 질환자 등으로 소수이다. 즉 이는 금액보다도 익산시가 주민 건강 복지를 위해 최대한의 의료비 혜택을 주고 있다는 상징적인 의미로도 해석된다.

민사조정 합의 배상금

상속자를 포함해 총 173명(1차 146명, 2차 27명)의 주민에게 배상금이 지급되었다. 거주 기간, 암 사망자, 암 투병 여부 등으로 다양하게 차등 지급되었다. 구체적으로 보상 기간은 2007년 5월부터 2017년 4월 공장 가동 중지 기간을 기준으로 연령 및 성별과 관계없이 총 10년 동안 개월당 30만 원으로 계산했으며, 기간 내 거주했던 주민들이나 암 투병 중 사망한 주민은 상속자에게 지급했다. 예를 들어 암 사망자는 9,300만 원, 암 투병자는 7,300만 원, 10년 거주자는 3,600만 원이다. 이후 여러 주민에게 사용처를 물었는데, 자신과 가족을 위한 저축이 가장 많았다. 고령의 주민들, 특히 여성들은 대부분 자녀에게 나누어 주거나 저축, 차량 구입, 주택 수리 등 가족을 위해 사용했다. 반대로 젊은 층 주민들은 전액 저축하거나 농지나 건강 용품 구매 등 개인을 위해 사용했다. 일부 주민은 빚을 청산하거나 태양광 설비를 하기도 했다.

"솔직히 자식들 나눠 주고 남은 것이 없어요. 조금은 남겨 두고, 나 쓸 것은. 똑같이 (예전과 같이) 생활하지. 노인 일자리 나가서 아침에 일하고 밭일하고 그게 일과지. 우리 남편 목숨값인데 자식들이 받고 값지게 써야 한다고 하더라고요. 공장만 멈추면 좋겠다고 싸운 거지. 여기까지 올 거라고 생각지도 못했어요."(S, 70대, 여)

"다 차등으로 주더라고. 근데 살아 있는 사람을 더 많이 줘야 먹고 살 거 아녀. 그래도 받으니 좋더라고. 우리가 고통을 얼마나 받았는데. 인정해 주는 것도 같고. 처음 싸울 때는 공장만 없어져라 했는데. (중략) 저축해야지. 자식들은 알아서 사니까. 백세시대잖아. 시골에서 돈 나올 데가 어디 있어."(K, 80대, 남)

대부분의 주민은 그동안의 경험상 배상금을 받을 수 있을 것이라고 생각하지 않았기 때문에 저항 과정에서 자신들의 피해 사실을 인정해 주고 공장을 멈추게 하는 것을 최선의 목표로 했다. 그래서 물질적인 액수보다는 인정받았다는 점에서 더 큰 위로를 받았다고 한다.

주변 마을의 반응

환경오염 피해는 광범위한 지역에 다양한 피해를 야기한다. 장점마을과 인접해 있는 왈인 마을과 장고재 마을은 비료 공장과 1km

안팎이라 영향권에 들어 있다. 장점 마을의 복구 사업과 소송이 하나씩 진행되는 과정을 지켜보면서 인근 마을 주민들은 젊은 층을 중심으로 '자신들의 피해도 인정해 달라'라고 익산시에 요청했다. 예비 조사 등에서 장고재 마을의 일부 가구는 시료 채취에 동참하기도 하였으며, 왈인 마을 주민 중 일부는 장점 마을에서 이주한 사람들이 포함되어 있었다. 이들은 피해 정도와 대응 등에 차이는 있었으나 과거 공장을 상대로 항의 운동에 동참하였고 암으로 인한 사망자도 있었다.

2021년 6월 해당 마을 집계로 왈인 마을 57명 중 15명(8명 사망), 장고재 마을 65명 중 5명(4명 사망)이 비료 공장 때문에 암이 발병했다고 주장했다.[23] 하지만 마을의 암 환자 집계는 기사마다 차이가 컸다.

> (2019년 11월) 18일 장점 마을과 인접한 왈인 마을 주민들에 따르면 비료 공장이 설립된 이후 확인된 암 환자만 8명에 달한다. 이 가운데 3명은 이미 사망했고 5명은 현재 암 투병 중이라고 주장했다. 암 종류는 담도암, 간암 등 다양하다고 주민들은 전했다. 한 주민은 "50여 명의 주민 가운데 암으로 확인된 사람만 8명이다. 비료 공장 설립 이후 돌아가신 많은 어르신 중에는 암 발병 사실을 모른 채 돌아가신 분들도 있을 것"이라며 "실제 건강 조사를 하면 암 환자는 더 많아질 것"이라고 말했다. 비료 공장 인근의 장고재 마을에서도 이보다 많은 10명가량이 암에 걸린 것으로 전해졌다. 전체 주민 60명의 20%가량이다. 이 가운데 4, 5명은 사망했

---

23 김은태, "장점마을 인근 왈인·장고재 마을 환경오염대책 마련 촉구", 『이뉴스투데이』, 2021.6.12.

고 6명은 현재 투병 중이다. 암 종류는 폐암, 간암, 혈액암 등이다. 왈인 마을과 장고재 마을은 발암물질을 무차별적으로 배출한 비료 공장에서 1km 안팎의 거리에 있다.[24]

각 마을에 따르면 암 환자는 장점 마을 40여 명(사망자 17명 포함), 왈인 마을 17명(9명 사망), 장고재 마을 12명(4명 사망)으로 추정된다.[25]

장점 마을의 초기 조사에서도 많이 지적되었듯이 암 환자의 수는 '마을 내 집계'와 '의료(건강)보험공단의 집계'가 달라서 객관성 확보에 한계가 있었다. 그러나 이들은 장점 마을 최종발표회 결론 및 제안 사항으로 '인접 지역 주민들에 대한 추가 확인 및 관리 필요성'을 제시했다는 점을 근거로 장점 마을과 같은 의료비 지원 및 피해 배상, 마을 지원 사업 등을 요구했다. 두 마을은 주민 대표를 선출하고 2021년 5월 익산시청 앞에서 집회를 개최했으며 마을 주변에 현수막을 걸고 자신들의 주장을 표출했다. 하지만 익산시의 암 전수조사 결과 인근 마을의 암 환자 현황과 비슷한 수준으로 결론 나면서 인정받지 못했다. 또 언론에서 관련 정치인이나 전문가의 발언이 있을 때마다 잠시 화제가 되기도 했으나 마을의 규모가 작고 추진 세력이 약했으므로 마을 내에서도 찬반 갈등과 관심 부족 등이 나타났다.

한편 주변 마을 주민들의 이러한 반응에 장점 마을 주민들은 다

---

24 익산열린신문, "장점마을 인근 2개 마을도 암 발병", 『익산열린신문』, 2019.11.19.
25 최정규, "새만금호 수질평가 신뢰성 부족 · 익산 장점마을 인근 마을도 공평한 보상을", 『전북일보』, 2021.10.13.

소 냉소적이었다. 다수 주민은 처음부터 끝까지 동참하지 않았기 때문에 당연한 결과라고 지적하기도 했다. 이러한 주변의 반응은 환경오염 사건의 특성상 피해 범위가 넓어 그 복원 범위를 설정하는 과정에서 충분히 발생할 수 있는 갈등이다. 그러나 이는 결과를 떠나 그동안 환경오염 사건에 소극적으로 대응했던 주민들을 더 적극적이고 능동적으로 바꾸는 데 어느 정도 자극제가 됐다고 본다.

3
사회적 관심과 성과

시민사회의 지원

1) 시민단체

대표적인 시민단체인 '좋은 정치 시민넷'은 민간 위원인 손문선을 중심으로 장점 마을 사건에 지속하여 관여하고 있으며, 복구 단계에서도 다양한 촉구대회를 기획해 주민들과 동참하기도 했다. 이들은 장점 마을의 사례를 모범으로 삼아 환경문제 해결 방안을 모색하고 학습하기 위한 공개 시민 강좌(시민 환경 전문가 양성 교육 '2020년 시민 환경학교'(2020년 9월~11월), 『장점마을』 출판기념회 및 토크쇼(2021년 12월) 등을 진행했다. 이 프로그램의 강사로 민간 위원과 관련 정치인 등이 참여했다.

더욱이 시민 강좌와 비슷한 취지로 장점 마을 사건 진행 과정을 정리하고 기록하는 차원에서 익산시의 지원으로 민관협의회 민간 위원들과 함께 2021년 9월에 백서『환경정책 개선 방안 마련을 위한 장점 마을 백서』(비출판)를 집필했다.

이후 그 내용을 일반인들도 읽을 수 있도록 손문선 민간 위원의 시각에서 작성한 서적 『장점마을』(신아출판사, 2021년 7월)을 발행했고, 장점 마을 사건 인과관계 인정 5주년이 되는 2024년 11월에는 『탐욕이 부른 환경 참사 장점 마을 환경오염 피해 사건』이라는 이름으로 저서에 담겼던 인과성 인정 이후의 주민 소송이나 변화 내용, 주민대책위원회 등의 활동 내용 등을 개괄적으로 정리한 별책 보고서를 발간했다.

모두 당시 민간 위원들의 조언과 도움을 바탕으로 작성되었으며 향후 비슷한 사건이 반복되지 않기를 바라는 소망을 담고 있다.

"(백서 제작 목적) 본 과업은 전북 익산시 함라면 장점 마을 발암 피해와 관련하여 조사 청원 전후 건강 영향 조사 결과 및 주민의 원인 규명 등의 활동 과정 및 자료를 백서로 기록·정리하여, 미래 세대에 교훈을 주어 발암 피해와 같은 심각한 환경문제를 재발 방지토록 하는 데 그 목적이 있다."[26]

2) 정치인

중앙 및 지역 정치인들은 마을을 찾아서 주민을 위로하고 다양한 지원책을 제시했다. 지역 정치인과 지자체장(익산시장)은 주민들과 KT&G 항의 운동에 동참했다. 먼저 2019년 11월 19일 정의당 이정

---

26 익산시, 앞의 백서 보고서(2021), 3쪽.

미 국회의원은 익산장점마을주민대책위원회와 민관협의회, 익산환경공동대책위, 정의당 전북도당 공동 주최로 '집단 암 발병 장점 마을의 교훈과 재발 방지 대책 국회 토론회'를 개최했다. 이 토론회에서는 국가 차원에서 주변 오염 시설로 인한 주민 피해의 재발을 방지하고 피해자들의 구제 정책 구축의 필요성을 제안했다.[27]

마을과 비료 공장에는 많은 정치인이 방문했다. 2020년 11월 정세균 국무총리가 마을을 방문했을 때는 지자체장과 시의회 의장 등이 현장을 찾았으며, '정부 차원의 사과와 함께 책임 있는 지원'을 약속했다. 2021년 3월 더불어민주당 차기 당권 주자들이 마을을 찾았을 때도 '국회 차원의 지원'과 'KT&G 관련하여 모든 노력을 다할 것' 등의 약속으로 주민들을 안심시켰다. 이 자리에서 "장점 마을의 후속 대책 사업을 국회 차원에서 지원하며 KT&G의 책임을 묻겠다"라고 한 익산시장의 발언은 익산시의 책임을 KT&G에 전가한다는 비판을 불러오기도 했다.[28]

마을의 적극적인 지지를 받은 더불어민주당 김수흥 의원(제21대 국회의원)은 마을의 환경오염 해결을 위해 KT&G의 책임론을 주장하고 국회의 관심과 정부 차원의 지원을 끌어내기 위하여 다양한 지원 활동을 전개했다. 특히 폐공장과 주변 지역을 치유와 회복의 공간으로 바꾸는 '생태 축 복원 사업' 추진을 위한 국비 확보[29]로 주민들의 기대가 컸다.

---

27 김용군, "'집단 암 발병 장점 마을 재발 방지 대책 국회 토론회' 개최", 『신아일보』, 2019.12.22.
28 박주현, "익산 금괴소동 '술렁', 장점마을 잇단 정치방문 '눈총'", 『전북일보』, 2021.3.9.
29 송승욱, "익산 장점마을, 치유·회복 공간으로 재탄생", 『전북일보』, 2022.4.10.

"마을에 높은 정치인들이 온다고 영정사진 들고 서 있으면 우리 의지를 잘 보여 준다고 다 들고 가서 서 있었어요. 동네도 둘러보고 공장도 보고 악수도 하고 그렇게. 다른 (지역) 정치인도 많이 왔더라고요. (중략) 버스 타고 KT&G도 가서 현관문에 연초박 뿌리고 했는데도 사장은 안 나오고 경비원들이 몰아내더라고요. 그래도 가서 하고 오니 속은 시원했죠."(P, 50대, 여)

"공원 생긴다고 하니 좋기도 하고. 다 부숴서 공원 만들면 구경도 가고 싶기도 하고. 말을 많이 하는데 아직은 (어떻게 변할지) 모르죠. 국비 땄다고 센터 앞에 현수막도 걸어 놓고. 어떻게 될지는 지켜봐야겠지만 마을 사람들은 공장이 보기 싫죠. 내 남편 잡아갔는데 왜 보기 좋겠어요. 지금도 저기 보면 울렁거리는데."(S, 70대, 여)

도시 생태 축 복원 사업(면적 3만700㎡)은 국가 예산(국비 45억5000만 원, 지방비 19억5000만 원)을 확보해 2022년에 기본 계획 수립 및 실시설계 용역을 의뢰하며, 기대 효과로 "환경 피해를 치유·회복·기억할 수 있는 공간 조성 및 생태 기반 환경과 생물 서식 환경 조성, 인간과 자연이 공존하는 도시 생태계 기능 향상으로 생태계 문화 서비스 제공 공간 마련"을 제시했다. 그 후 익산시는 "훼손된 환경을 회복하면서도 실수를 잊지 않고 기억해 과오가 반복되지 않도록 입체적인 생태 복원 사업에 집중"한다며 주민들의 고통을 치유하고 회복하는 공간 조성을 목표로 제시했다. 2025년 초 '기억의 숲'과 '빗물 습지' 착공을 시작으로 2026년까지 장점지와 논습지, 억새 숲, 탄소 저감 숲, 함라산 숲 복원지, 잔디 광장, 구룡지 놀이터

등이 조성될 예정이다.[30]

정치인이 이러한 환경오염 사건의 해결 과정과 복구 단계에 참여해서 얼굴과 이름을 알리는 것은 자신의 정치적 이미지를 형성하는 데 도움이 된다. 예를 들어 민간 위원 중 지역 정치인은 선거에 출마하면서 마을의 환경문제 해결에 도움을 주었다는 것을 강조하며 '익산시 환경문제 해결사'라는 이미지를 전면에 내세웠다. 즉 정치인들은 장점 마을 환경오염 사건의 성공적인 해결과 복구 과정을 지지함으로써 자신들의 정치권력을 유지하고 "장점 마을 사건의 해결사=지역 환경문제의 해결사"라는 이미지 구축에 이용하기도 했다.

3) 자원봉사자와 예술인

마을이 언론에 자주 노출되면서 관심 있는 주변 사람들이 공식·비공식으로 방문했다. 마을과 공장을 견학하거나 주민을 위로하기 위해 교회나 시민단체, 자원봉사자 그룹의 다양한 이벤트가 개최되었다. 대표적으로 익산시 학부모 모임이나 종교단체, 대학생 봉사동아리 등에서 일일 찻집이나 의료 및 미용 서비스 등을 제공했으며, 예술가들은 장점 마을 주민들의 고통을 위로하고 예술로 승화시키고자 다양한 전시회, 음악회 등을 개최했다. 그중 2021년 5월 12일 익산시, 익산문화관광재단 등과 익산민족예술인총연합회가 함께 개최한 '인심은 함열, 치유는 장점'이라는 주제의 익산시 시민 포럼은 민관학 협력 사업으로 비료 공장 안에서 민간 위원들의 강

---

30 송승욱, "'아픔을 딛고' 익산시, 환경훼손 지역 생태복원 '속도'", 『전북일보』, 2025.3.5.

연과 예술 행사를 진행했다. 이 포럼은 향후 비료 공장 용지 및 건물 활용을 고려한 기획이라는 특별한 의미가 있었으며 주민들이 가장 많은 관심을 보인 행사이기도 했다.

〈그림 6〉 행사 뒤 남아있는 공장 안 현수막(2022.6.10. 저자 촬영)

그러나 코로나 팬데믹으로 대면 활동이 금지되면서 2021년 중반까지 간헐적으로 진행되다가 배상금 관련 소송 내용이 언론에 자주 등장한 시기부터는 거의 개최되지 않았다. 주민의 반응은 다양했으나 대부분 마을에 관심을 가지고 오락거리와 선물 및 의료 서비스를 해 주는 것에 위로받았다고 한다.

"관심을 주니 좋았지. 오래전이라 잘 기억은 안 나지만 공장에서도 하고 경로당 앞에서 연주도 하고 춤도 추고 즐겁지. 시골 사람들이 뭐 그런 거 본 적이 있었간디. 와 주니 좋더구먼. 동네에서 누구 왔다고 (행사한다고 마을 방송) 하면 가서 보고 그랬지. 지금은 뭐 코로나로 마을회관에도 못 모이고 같이 먹으면 안 되고 그래서 그때부터는 몇 년째 그냥 있지. 방송에도 자주 나오고 옛날에는 그랬는데 당연한데 그래도 조금은 관심을 가져 주면 좋지. 나쁜 것도 아니고."(S, 70대, 여)

사회적 성과

1) 사회적 책임과 관련자 처벌

주민과 공장 및 행정의 갈등은 관련자 처벌로 이어졌다. 먼저 주민과 행정 간의 갈등은 '익산시와 전라북도를 상대로 감사원 공익 감사 청구'로 표면화되었다. 주민들은 관리·감독의 의무를 다하지 않은 관련 행정기관을 상대로 '감사원 공익 감사 청구서'를 익산시 시민단체 등과 함께 제출(2019년 4월 22일)했다. 감사 청구 사항은 1) 익산시 비료관리법 및 폐기물관리법상의 감독 의무 불이행, 2)익산시의 특별사법경찰관의 미지정 등, 3)전라북도와 익산시가 그간 해당 공장에 대한 관리 업무를 적절히 수행하였는지 여부 등이다. 익산시 시민단체의 도움으로 시민 1072명의 서명을 받아 제출했다. 감사 결과 2020년 8월 5일 익산시만을 대상으로 한 '익산 장점 마을 집단 암 발생 사건 관련 지도·감독 실태 공익 감사 보고서'가 나왔다. 이에 대해서 주민과 시민단체 및 민관협의회 민간 위원들은 감사원의 전라북도 및 익산시 감사 결과의 책임자 처벌이 약하다는 의견을 피력하기도 했으나 '익산시의 부실한 관리·감독이 밝혀진 것'을 긍정적으로 보았다. 감사원 보고서 결과에 따르면 익산시에 첫째, 폐기물 재활용 신고 부당 수리와 관련하여 '징계 시효 완료로 재발 방지를 위해 엄중 인사 조치', 둘째, 폐기물 처리업 폐업 신고 시 폐기물 처리 확인 소홀과 관련하여 '관련자 2명 징계 처분', 셋째, 폐기물 처리업 사업장의 정기 지도·점검 부적정과 관련하여 '관련자 13명 주의 촉구', 넷째, 대기오염 물질 배출 사업장의 지도·점검 부적정과 관련하여 '관련자 6명 주의 촉구', 다섯째, 악취 배출 사업장의 지도·점검 부적정과 관련하여 '관련자 6명 주의 촉구'를 명했다.[31]

주민과 공장 간의 갈등은 '연초박 불법 사용으로 인한 비료 공장 관련자 처벌'로 이어졌다. 2018년 7월 18일 환경부 역학조사 결과 중간 발표에서 비료 공장의 연초박 불법 사용이 확인되었다. 이에 주민대책위원회와 민관협의회는 연초박 불법 사용에 대한 수사기관의 철저한 수사를 촉구하는 기자회견을 열었고, 익산시는 연초박을 유기질비료로 혼합하여 사용한 비료 공장과 책임자들을 '비료관리법 위반'으로 익산경찰서에 고발했다. 전북지방법원 군산지원에서 2020년 6월 29일 비료관리법 위반으로 선고가 있었고, 검사와 피고인(비료 공장 대표이사, 전 공장장, 당시 공장장)이 쌍방 항소하여 전북지방법원에서 그해 10월 항소심 선고가 확정되었다. 대표이사와 검사 측이 모두 상고하였으나 2021년 2월 대법원에서 기각 판결을 받았다. 결국 대표이사는 징역 2년, 전 공장장과 당시 공장장은 징역 1년에 집행유예 2년과 사회봉사 160시간을 확정받았다. 그리고 비료 공장에 벌금 500만 원과 1년의 집행유예를 선고했다.[32]

---

31 감사원, 앞의 보고서(2020).
32 최정호, "대법, 비료법 위반 금강농산 대표 징역형 확정⋯법령 개정 과제", 『KCN금강방송』, 2021.7.16.

2) 법률 및 조례 개정

연초박은 담배 제조 과정에서 발생하는 부산물 폐기물이다. 건강 영향 조사에서 비료 공장의 연초박 불법 사용이 주민 건강 피해에 큰 원인이 되었다고 인정함으로써 '연초박 사용'과 관련한 법률 및 조례도 개정되었다.

'비료 공정 규격 설정 및 지정' 농촌진흥청 고시 개정으로 기존의 [시행 2020. 1. 11. 농촌진흥청 고시 제2019-38호]의 제6조 제8호 별표 5에서 사용할 수 있는 원료로 "담배 제조업에서 발생하는 동식물성 잔재물"이 포함되었으나 [시행 2020. 12. 25. 농촌진흥청 고시 제2020-28호]에서는 "폐수 처리 오니, 아주까리 및 아주까리 유박, 동물의 분뇨, (폐)사료, 담배, 담배 제조업·수입업·유통업·판매업에서 발생하는 동·식물성 잔재물(연초박 포함)은 비료 원료로 사용할 수 없다"라고 바뀌었다. 즉 장점 마을 환경오염을 계기로 비료나 퇴비의 원료로 연초박의 사용을 전면 금지한 것이다.

환경부도 환경법의 내용을 개정했다. 기존의 환경성 질환의 개념을 더욱 포괄적으로 변경했으며, 환경부가 주관하던 건강 영향 조사를 지자체에서 시행할 수 있도록 했다. 구체적으로 환경보건법 [법률 제17855호, 시행 2021. 7. 6.]에서 기존의 '환경 유해 인자로 인한 질환'으로 한정했던 사항을 '환경성 질환 및 그 밖에 환경 유해 인자에 대한 적절한 시책 마련과 조치가 필요한 질환'으로 범위를 확대했다.

환경보건법 [시행 2021. 7. 6.] 제정·개정 이유 〈법제처 제공〉
가. 종전에는 환경 보건 종합 계획 수립 및 기초 조사 실시 등과

관련하여 환경성 질환만 그 범위에 포함시키던 것을, 환경 유해 인자에 대한 적절한 시책 마련과 조치가 필요한 질환도 그 범위에 포함시키도록 함(제6조, 제14조 및 제27조의 2).

나. 시·도지사는 관할 구역의 지역적 특성을 고려하여 환경 보건 종합 계획에 따른 지역환경 보건 계획을 수립하고, 지역 환경 보건 계획을 수립하거나 변경하였을 때에는 지체 없이 이를 환경부 장관에게 제출하도록 함(제6조의 2 신설).

다. 지역 환경 보건 계획의 수립·변경, 지역 환경 보건의 증진을 위한 시책, 건강 영향 조사 청원의 처리 등을 심의하기 위하여 시·도지사 소속으로 지역환경보건위원회를 둘 수 있음(제10조의 2 신설).

(중략)

마. 환경 유해 인자로 인하여 자신의 건강상 피해가 발생하거나 우려되는 경우에는 시·도지사에게도 환경 유해 인자가 건강에 미치는 영향에 대한 조사를 실시하여 줄 것을 청원할 수 있고, 청원을 받은 시·도지사는 조사의 필요성에 대한 검토와 지역환경보건위원회의 심의를 거쳐 청원의 처리를 결정하여야 함(제17조).

바. 환경부 장관은 환경성 질환의 발생 또는 환경 유해 인자로 인한 건강 피해가 우려되거나 의심되는 경우 어린이의 건강 진단 및 치료 등에 대한 지원을 할 수 있음(제25조의 2 신설).

또 피해를 보는 시민들이 건강 영향 조사나 역학조사를 지자체에 의뢰하면 거부할 수 없도록 강화하였으며, 지자체도 '지역환경보건위원회'를 두어 시민의 민원을 직접 해결할 수 있도록 했다. 일부에서는 이러한 환경법 개정이 환경부의 관리 책임을 지자체에 떠넘기는 행위라며 비판하기도 하지만 대상 범위가 확대된 만큼 지역의 다양한 환경 민원을 지역의 특수성을 고려하여 조사하고 직접 민원을 해결할 기회를 제공한다는 점에서 의의가 있다고 본다.

교훈의 장소가 되기 위해

장점 마을 환경오염 피해의 인과성이 2019년 11월 14일 공표된 후 2025년 현재 5년여가 지났다. 그동안 다양한 복구 사업과 지원 사업이 이루어졌고 주민들의 삶도 회복되었다. 공장이 폐업하고 5년 이상 지나면서 오염 물질이 사라지고 공장 가동 이전의 모습을 되찾았다. 특히 오염 물질이 남아 있는 공장 용지를 익산시가 구매하여 공공지로 바꾸면서 환경오염 피해의 기억이 빠른 속도로 사라지고 있다. 즉 환경오염원이 되었던 공간은 서서히 역사적 장소, 기억의 장소로 바뀌고 있다.

주민들은 환경오염 갈등 초기에 공장의 영업 중지를 최우선으로 요구했기 때문에 공장이 폐쇄된 후 복구 단계의 다양한 지원 사업이나 소송 등에 대한 기대나 관심이 상대적으로 적었다. 그래서 복구 사업을 대하는 주민들은 갈등보다는 협력을 우선으로 생각했다. 더욱이 주요 지원 사업은 '과거의 오래된 오염 물질 제거'를 통한 원상 복구가 목적이었기 때문에 개별 가구에 대한 지원(벽지와 장판 교체, 지붕 먼지 제거, 페인트 시공, 오염지 복토 및 재생 식물 식재 등)이 많았으며 법적 분쟁도 개별 배상이므로 상대적으로 마을 내 큰 갈등은 없었다. 단지 법적 소송에서 합의를 수용한 사람과 아닌 사람으로 나누어져 갈등은 있었으나 결국 별도의 소송으로 늦었지만 배상을 받았다.

또 환경오염 갈등 해결 과정에서는 그동안 피해를 인정하지 않았던 행정보다 외부 전문가에 대한 신뢰와 유대감이 더 높았다. 장기간 피해를 인정받지 못했기 때문에 객관적 과학적으로 원인을 탐색하는 제도인 환경부 건강 영향 조사와 인과성 인정 후 법률적 피해구제 정책 등을 의지했다. 특히 민관협의회 민간 위원은 주민의 의견을 대변하는 역할을 하였으며 갈등 조정과 협력을 촉진하는 데 중요한 역할을 했다. 민간 위원의 갈등 조정 및 협력의 비율은 이전 단계보다는 감소했으나 공장 용지의 복원 사업 등과 같은 행정과 조율이 필요한 갈등 및 결정 상황에서는 여전히 민간 위원들의 의견과 협력을 중요하게 고려했다.

이러한 과정에서 나타난 특징과 시사점을 간략하게 정리해 보자.

첫째, 폐업과 부도를 한 가해 기업은 건강 영향 조사 때부터 완전히 배제되었고 그 역할을 행정 관리 기관인 익산시가 대신하면서 가해 기업의 사과도 받지 못한 채 직간접으로 공공의 비용이 소요되었다. 물론 폐업 후 공장주도 비료관리법 위반으로 징역형을 받았으나 건강 영향 조사 및 복원 과정에서 기업의 역할을 익산시가 담당했다. 미연에 방지할 수 있었던 사고를 사회적 환경오염 사건으로 만든 '관리 감독에 소홀한 책임'이 행정기관에도 있지만 법적으로 경영주(가해 기업)가 폐업한 상황이라 가해 기업은 한마디 사과도 없었다. 또 환경부 조사나 피해구제법 등을 실행하며 사회적 손실도 발생했다. 이에 환경문제 갈등 해결에서 사회적 손실을 줄이기 위하여 현실과 괴리가 작은 행정의 제도 마련과 실천이 필요하다.

둘째, 익산시의 신속한 지원 사업 진행 및 적극적인 협력이 있었다. 익산시는 오염 사고의 복원 단계에서 최소 비용으로 신속하게 지원 사업을 시행하고 법적 분쟁을 해결하고자 했다. 지원 사업 중 다수는 익산시 관련 부서에서 이미 계획 중이던 마을 사업의 일부로 다른 마을보다 먼저 실시한 것이다. 법적 분쟁에서도 주민들이 요구한 금액보다 훨씬 적은 금액으로 합의에 성공했으나 다른 환경 소송 사건들에 비하여 상대적으로 빠르게 합의 절차 및 배상금 지급 등이 이루어졌다. 이는 당시 지자체장 선거(대한민국 제8회 전국동시지방선거 2022년 6월 1일)와 익산시장 공약 및 익산시 이미지 개선, 환경 건강 역학조사 결과 발표('최초로 비특이성 질환 관련 인과성 인정') 후 여론과 관심의 증가, 정부 및 정치인들의 관심, 민관협의회의 적극적 참여, 환경오염에 대한 사회적 관심 등이 복합적으로 작용된 것으로 보인다. 이 과정에서 주민들의 요구 사항에 빠르게 반응했으며 최대한 잡음이 발생하지 않도록 주민의 의사를 존중하면서 지원 사업을 진행했다.

셋째, 복구 과정에서 민간 위원이나 주민의 역할보다는 복구 사업을 주관하는 지자체와 이를 연결하는 마을 리더의 역할이 더 중요했다. 단계적으로 볼 때 갈등 해결 과정에서는 주민을 대표했던 민간 위원들의 요구 사항이나 의견을 중심으로 익산시가 움직이는 경향이 높았다면 복구 지원 대책을 세우고 진행하는 과정에서는 익산시와 전라북도가 주관하여 진행했다. 마을 대책위원장과의 관계에서도 초기에는 KT&G 시위 행사에 적극적인 모습을 보였으나 시간이 지날수록 마을의 요구 사항에 소극적으로 대응했다. 그 대신 주민들과 직접 소통하는 이장(마을 리더)의 역할이 커졌으며 익산시도 다양한 진행 과정과 절차 등의 소통 창구로 이장을 신뢰했다. 즉 복구 단계에서는 정치적인 움직임보다 현실적인 측면에서 지원 사업을 적극적으로 운영하며 주민과 행정을 연결하고 소통할 수 있는 '활동적이고 적극적인 마을 리더'의 역할이 중요하다.

넷째, 주민 소송은 마을에 새로운 갈등을 발생시켰다. 주민 다수가 민사조정 합의에 동의하면서 이를 반대하고 소송을 진행하는 일부 주민과 마을 공동체 내부 갈등을 일으켰다. 또 환경 소송과 법적 대응 및 매뉴얼 등을 학력이 낮은 고령의 주민들이 이해하기에는 한계가 컸으며 서류 작성이나 발급 등 절차상의 어려움도 많았다. 특히 주민 소송에서 법률 정보 공유나 배상 및 보상 대상자 기준 및 범위 등의 해석에 모호한 부분들이 있었으며, 법률을 이해하기에도 한계가 있었다. 이에 대상자들의 특수성을 고려한 섬세하고 현실성 있는 매뉴얼과 구체적(공식적) 배상 및 보상 기준 마련, 투명한 절차 공유나 법률 대행 서비스, 소통의 장 등이 필요하다. 이는 향후 환경오염 갈등 해결 과정에서 복원력 증진 및 환경 정의 실천을 위한 과제가 될 것이다.

다섯째, 복구 사업을 진행하는 과정에서 주민에게 제공하는 단계적 피드백이 부족했다. 주민의 물리적 능력이나 소양을 고려하지 않고 단기간에 다양한 지원 사업을 동시에 추진했다. 예를 들어 '사후 관리 사업'으로 관련 지역의 오염원 제거와 복구 등이 이루어졌는데 이후 관리가 잘 이루어지지 않았다. 또 다양한 공동 편의 시설물을 설치한 후의 관리 문제는 경험이 부족한 주민들에게 새로운 부담이 되었다. 즉 주민들이 지원 사업으로 인한 변화에 어느 정도 안정을 찾고 정착할 수 있도록 사후 관리와 소통이 필요하다.

마지막으로 장점 마을 환경오염 사고의 해결 및 복구 과정은 환경 갈등 문제 해결의 성공 사례로 다양한 측면에서 의미가 있다. 이에 그 과정에 참여했던 민관협의회 민간 위원, 시민단체 등을 중심으로 학계 연구나 저서 출판, 백서 제작, 시민 교육 등을 통하여 당시 상황을 기록하고 강연이나 교육으로 그 심각성을 공유하고 있다. 장점 마을 사례를 교훈 삼아 비슷한 사례가 재발하지 않도록 하기 위해서다. 하지만 주민들의 관심도는 소송(합의)이 끝나 갈 시점부터 눈에 띄게 감소했으며 배상금이 입금되면서 '환경 갈등'은 '과거의 일'로 빠르게 기억에서 사라지고 있다. 이러한 현상은 소송 합의 조건으로 익산시가 제시한 '익산시의 책임을 더는 묻지 않는다'라는 문구가 원하는 바일 수도 있다. 향후 이러한 환경오염 갈등 및 사건이 재발하지 않도록 사전 관리와 시민의 감시, 더 나아가 사회적 관심이 필요하다.

4부 기억과 교훈

1. 환경 갈등 알리기
2. 미나마타병 사건의 시작과 복구
3. 전시와 자료로 알리고 배우기
4. 미나마타병 사건을 보는 두 가지 접근법

1
환경 갈등 알리기

내가 미나마타병에 관심을 가지게 된 것은 환경오염 사건과 관련된 마을들을 조사하면서, 우리보다 먼저 진행된 사례를 찾는 중이었다. 특히 한국과 비슷한 환경을 가진 일본의 사례는 더욱 의미가 있다고 생각했다. 한일 강살리기 교류로 알게 된 일본 구마모토현의 오카 유지(岡裕二) 대표님을 통해 2020년 1월에 요시모토 데쓰로(吉本哲郎) 선생님을 소개받았다. 요시모토 선생님은 미나마타시에서 지모토학(地元学)을 실천한 분으로, 그 경험을 정리해 『地元学をはじめよう(지모토학을 시작하자)』(2008년)라는 저서를 집필한 전직 공무원이다. 지모토학은 말 그대로 지역 주민 스스로가 자신이 살고 있는 곳의 지식, 역사, 문화를 발굴해 지역사회의 자원으로 재발견 및 재평가하고, 이를 토대로 지역 활성화를 모색하는 실천적 학문이다. 즉 수은중독으로 환경과 주민들이 큰 피해를 입은 곳에서, 주민들의 힘으로 지역을 재생시키고자 다양한 활동을 펼쳤

다. 그 대표적인 사례가 미나마타병자료관 앞 에코파크에 자리 잡은 '재생의 숲'이다.

그는 그 숲을 가리키며 이렇게 설명했다. "계획적으로 조림한 공원과 달리, 재생의 숲은 남녀노소 주민들이 매립지 위에 다양한 나무를 심으며 만들어졌습니다. 그 과정에서 자연스럽게 여러 생태계가 어우러져 자라났고, 그래서인지 시에서 많은 예산을 들여 조성한 공원보다 훨씬 더 많은 식생과 새들이 찾아옵니다." 이 숲의 사례를 통해 미나마타 지역도 자연의 섭리처럼 주민들이 스스로 치유하고 어울리며 성장하는 과정 속에서 과거의 비극을 극복할 수 있다고 강조했다. 나는 지모토학의 생태 철학을 통해 '지역 주민은 피해자이면서 동시에 새로운 변화를 만들어낼 수 있는 귀한 존재'라는 사실을 배웠다.

이 장에서는 이렇게 알게 된 미나마타병 관련 기록을 전시하는 대표적인 두 기관을 비교해 보고자 한다. 두 기관은 하나의 환경오염 사건을 서로 다른 방식으로 해석하고 운영하지만, 목표만큼은 같다. 바로 다시는 이러한 환경오염 사건이 반복되지 않기를 바라는 마음이다.

외부인들로 인한 집단 기억과 전시

1920년대 모리스 알박스에 의해 제기된 '집단 기억'의 개념은 1980년대 후반부터 프랑스, 독일 등에서 활발하게 연구되었다. 특히 '집단 기억이 형성되고 이용되는 과정과 양태의 총체'를 기억 문화라고 말하며, 기억 문화는 선별, 연결, 심미적 재형상화 등을 통한 과거의 사회적 재구성에 바탕을 둔다고 설명했다. 이때 기억을 담는 공간으로 "기념물 외에 다양한 텍스트가 중요시되는데 문학은 집단 기억의 형성과 전이 과정에서 적극적인 역할"을 한다고 강조한다.[1] 이러한 관점에서 볼 때 과거 역사적 사건이나 비극을 공유하는 집단이 자신들의 경험과 기억 및 고통을 외부에 알리기 위한 역할을 전시나 저서, 미디어 등의 시청각적 기념물이 대신한다고 말할 수 있다.

또 개인의 기억은 개인이 소속된 집단의 사회적 관습과 문화적 요인의 영향을 받기 때문에 집단에서 합의된 개인 기억은 그 집단의 정체성을 표방한다. 이러한 기억 담론에서 박물관은 기억을 담아 내는 사회적 기관이며 문화적 기억이다. 그러나 외부 사람들이 재현하고 표현하는 것은 사건의 현실로서 불완전하다. 예를 들어 오카 마리는 작가의 문학적 상상력으로 "리얼하게 재현된 현실이 리얼하게 보이고 아무리 체험자 자신의 증언을 토대로 쓰인 것이라도 사건 그 자체로 받아들여서는 안 된다는 금지의 명령을 작자 자신이 직접 텍스트에 써넣은 것"이라고 말하고 있다.[2] 즉 당사자의 기억은 시간이 지나면서 희미해져 재현하기에 한계가 있으며, 당사자가 아닌 다른 사람들의 손을 거쳐 텍스트(=작품)로 표현될 경우 원래 경험과는 차이가 생길 수 있기 때문이다. 특히 피해자가 사회적 약자라면 아무리 사회적 가치가 높다고 할지라도 자신들의 경험과 역사를 스스로 전시한다는 것은 쉬운 일이 아니므로 외부 사람들이 그들의 생각을 대변하는 사례가 대부분이다. 그래서 얼마나

---

1 박지영, "기억장치로서의 단카-일본사회의 집단기억과 정체성 형성의 기제-",『세계문학비교연구』75(2021), 54-55쪽.

2 오카 마리, 김병구 역,『기억·서사』(소명출판, 2004), 38쪽.

진실된 내용을 외부인들에게 보여 줄 수 있는지가 가장 중요하다.

이 장에서 소개할 메틸수은 중독 질환인 미나마타병 사건의 환경 갈등 전개 과정에서도 같은 현상이 나타났다. 다시 말해 미나마타 지역에서 발생한 미나마타병 관련 사건과 투쟁의 내용을 지역 밖으로 확산시킨 것은 피해자들과 관련이 없는 외부인들이었다. 특히 사회적 약자들의 수십 년 동안의 고통과 투쟁은 관심 있는 외부자들의 카메라와 글, 연구물, 전시 등 다양한 사물이나 활동을 통해 지금도 외부로 전파되고 있다. 집단이 공유하는 기억을 다양한 형태의 서사(작품)로 상징화하고 형상화하는 작업은 앞으로의 환경 갈등을 줄이는 데 교훈이 될 수 있으며 사회적으로도 의미가 있다.

미나마타병은 진행 중

일본의 급속한 공업화로 발생한 4대 환경오염 사건인 '환경오염 질환(공해병)'에는 구마모토현의 미나마타병(메틸수은 중독, 1956년), 니가타현의 미나마타병(메틸수은 중독, 1965년), 미에현 요카이치시의 요카이치 천식(대기 오염으로 인한 천식, 1967년), 도야마현의 이타이이타이병(카드뮴 중독, 1968년)이 있다. 시간이 흐르면서 피해 당사자들이 사망하고 기억하는 사람도 줄고, 초중고 교과서에서는 간단하게 역사 중 하나로 소개하며 완결된 과거의 사건으로 인식한다. 하지만 여전히 회복 및 치유 과정에 있으며 아직 끝나지 않았다.

예를 들어 2024년 10월 미나마타병 간사이(關西) 소송(2004년) 관련 20주년 기념 집회가 열렸다. 간사이 소송이란 1982년에 구마모토현과 가고시마현 출신으로 간사이 지방에서 거주하는 미나마타병 미인정 환자들이 국가와 기업을 상대로 제기한 소송으로, 2004

년 일본 최고재판소가 미나마타병의 원인을 제공한 기업인 짓소뿐만 아니라 일본 정부, 구마모토현에도 책임이 있다는 오사카 고등법원의 판결을 확정하면서 마무리되었다. 20년이 지나 열린 기념집회에서 피해자는 원인 제공 기업이 '소송에서 해결 완료'된 사항으로 구제할 수 없다는 태도를 보인다며 기업의 태도를 비난했다. 이에 배상 협정에 기반한 구제를 요구하고 배상금의 내용에도 문제를 제기했다. 이렇게 미인정 환자들은 아직도 소송을 진행하고 있으며 소송 중 고령으로 사망하는 사람이 늘고 있으므로 빠른 진전을 호소했다.[3] 즉 피해 당사자들은 미나마타병이 1956년 공식 확인되기 전부터 지금까지도 고통받고 있으며 원인 제공 기업과도 갈등 중이다.

　환경오염 사건은 해결 과정에서 다양한 복원 및 복구 사업이 진행된다. 사전적 의미로 복원(復原)은 '원래대로 회복함'을 의미하며 복구(復舊)는 '손실 이전의 상태로 회복함'을 의미한다.[4] 흔히 언급하는 복구 사업은 손상된 것의 기능 회복을 주로 의미하기 때문에 삶의 질과 같은 사회문화적 측면까지를 고려한 원래 상태로의 회복(복원)까지를 기대하기는 힘든 것이 현실이다. 그래서 과거 환경오염 사건의 사례에서 교훈을 얻고 재발에 대비하는 것이 중요하다. 이러한 사회적 역할을 담당하는 곳 가운데 하나가 당시의 기억을 시청각화하여 전시하고 각종 문헌 자료를 축적하고 홍보하는 전시관 및 자료관인데 그곳에서는 다양한 관련 활동이 이루어지기도 한다.

3　今村健二, "判決後も続いた不当な扱い 水俣病・関西訴訟20年語り続ける理由", 『朝日新聞』, 2024.10.18.

4　국립국어원 표준국어대사전, 복원, 복구 https://stdict.korean.go.kr

전시관(박물관)은 문화적 기억을 담아내는 사회적 기관이다. 또 개인의 기억은 개인이 소속된 집단의 사회적 관습과 문화적 요인에 영향받아 집단의 정체성을 표방한다. 아스만은 기억은 다양한 자극으로 변하기 때문에 '생동하는 능동적 기억'이어야 잊어버리지 않는다고 기술하며, 박물관은 시대와 사회의 요구에 따라 기억의 중요도가 바뀌는 과정으로 형성되는 '능동의 문화적 기억'에 속하고, 최대한 다양하고 많은 자료를 축적하는 아카이브는 '수동의 기억 행위'라고 구분한다.[5] 따라서 전시 행위와 내용은 당시의 시대 배경과 정치적 이해관계를 반영하며 주최자 및 재정 지원자의 의견이 반영된다. 그 과정에서 집단 정체성이 전시를 통해 외부로 표출되고 그들만의 공동체 집결을 위한 매개체 역할을 한다.

미나마타병 사건이 발생하면서 지역에서는 해결하고 공론화하는 것뿐만 아니라 외부로 알려지는 것조차 원하지 않았다. 관련 사건과 피해자들의 투쟁을 지역 밖으로 알리는 역할을 한 것은 주로 외부인들이다. 1960년에 보도 사진 작가 구와바라 시세이(1936~)가 미나마타 지역에서 관련 사진을 찍었고 첫 미나마타 사진 전시회를 1962년 도쿄 후지포토살롱에서 열었으며 『미나마타병』(1965년), 『미나마타 1960~1970』(1970년), 『미나마타·한국·베트남』(1982년), 『구와바라 시세이, 미나마타』(1996년), 『미나마타의 사람들』(1998년) 등의 사진집을 출간했다.[6] 특히 1970년대 유진 스미스(1918~1978)의

---

5 Assmann, Aleida, *Cannon and Archive, Cultural Memory Studies:An International and Interdisciplinary Handbook*, (Berlin: Walter de Gruyter, 2008), p.99., 김정현, "대중의 기억을 전시하는 내러티브 뮤지엄 - POLIN 폴란드-유대인 역사박물관의 사례를 중심으로 -", 『박물관학보』 45(2023), 24-25쪽.

6 구와바라 시세이, 『다큐멘터리 사진가=미나마타·한국·베트남 취재기』(눈빛출판

사진은 미나마타병을 세계로 알리는 데 큰 역할을 했다. 유진 스미스와 일본인 아내 에일린 미오코는 1971년부터 1973년까지 미나마타 지역에 직접 거주하며 사진 작업을 했다. 특히 2020년에는 그의 일대기를 소재로 '미나마타(MINAMATA)'라는 영화가 제작되기도 했다.

2021년 8월 영화 상영회를 개최하기 위해 미나마타시와 구마모토현에 후원을 문의하자 미나마타시는 이를 거부하기도 했다. 미나마타시는 아사히신문에 "영화가 사실에 입각하고 있는지, 제작자의 의도가 명확하지 않고, 피해자에 대한 차별·편견의 해소에 이바지할 수 있을지 판단할 수 없다" 또 "미나마타병을 과거의 것으로서 잊고 싶다는 시민도 있다"라는 이유로 후원이 적절한지 모르겠다고 밝혔다. 당시 시립 미나마타병 자료관장 우에다 게이스케와 시 환경과장도 "명의 후원을 하지 않는 것으로 상영회 자체에 반대하는 건 아니다"라고 밝혔다. 반면 구마모토현은 상영회 후원에 동의했다. 현의 미나마타병 보건과 담당자는 "미나마타병이 발생했던 사실을 알리는 것에 의의가 있으며, 외국에서도 상영되기 때문에 많은 사람이 관심을 가지고 역사나 교훈을 배우게 하는 계기가 된다. 세계에 발신되는 것에 의의가 있다고 생각했다"라고 했다.[7] 여기서 미나마타시와 구마모토현의 미나마타병을 바라보는 시선과 대응 방식의 차이를 느낄 수 있다.

또 미나마타병 관련 다큐멘터리를 제작한 쓰치모토 노리아키

사, 2012), 223쪽.

7   奥正光, "デップ主演映画上映' 水俣市が後援拒否「制作意図不明」"『朝日新聞』, 2021.7.10.

(1928~2008) 감독은 '미나마타: 환자들과 그들의 세계(Minamata: The Victims and Their World, 1971년)'를 시작으로 여러 작품을 제작했다. 이러한 활동에 감사하며 현재 감독의 위패는 소시샤 집회동(대강당) 안 추모단에 다른 피해자 및 활동가들의 위패와 함께 안치되어 있다. 또 미나마타병과 관련된 문학작품 중 환경오염 피해를 겪는 주민들의 힘든 삶을 다룬 이시무레 미치코(1927~2018)의 소설 『고해정토(苦海淨土)-우리의 미나마타병』(1969년)은 서민들의 삶과 고통에 관한 연구의 소재로 이용되고 있다.

아울러 미나마타병 사건은 전 세계에 수은 오염의 위험성을 알리고 국제조약인 미나마타협약(Minamata Convention on Mercury, 2013년)을 채택하는 직접적인 계기가 된 의미 있는 사건이며 전 세계 이공계 및 인문사회과학 연구자들의 다양한 연구도 이 사건의 중대성을 환기하는 데 기여하고 있다. 그 가운데 사회학적 연구로는 환경운동이나 피해자 사례, 복구 사업 과정을 설명하거나 그 과정에서 발생한 다양한 활동 및 상호작용 등 다양하다. 특히 역사적 관점에서 미나마타병 사건의 소개와 전개 과정 및 지역 재생 과정, 가해 기업의 설립 운영과 관련한 일제강점기 식민주의, 가습기 살균제 참사 등 한국의 유사 사례와 비교한 연구 등이 있다. 이러한 연구 활동과 결과물들도 당시의 상황을 알리고 교훈을 얻을 수 있은 중요한 자료이다.

2
미나마타병 사건의 시작과 복구

미나마타와 미나마타병 사건

구마모토현 미나마타시는 1908년 설립한 화학 제품 회사인 일본질소비료주식회사(日本窒素肥料株式会社, 1965년에 짓소주식회사(Chisso)로 변경, 짓소) 미나마타본부(공장)가 중심에 있는 상업 도시이다. 회사 연혁을 살펴보던 중, 짓소 홈페이지의 회사 소개에서 미나마타병과 짓소의 관계를 보여주는 문구를 발견했다.

> 저희 회사는 1906년 설립 이후 화학 제품의 제조와 판매를 중심으로 사람들의 생활을 더 편리하고 쾌적하게 만드는 데 기여해 왔습니다.
> 2011년에는 「미나마타병 피해자의 구제 및 미나마타병 문제의 해결에 관한 특별조치법」에 따라 JNC(Japan New Chisso) 주식회사를 설립했으며, 기존 기능 소재 분야, 가공품 및 화학 제품 분야의 사

4부 기억과 교훈   173

업을 이어가기 위해 필요한 토지, 설비 등 유·무형의 사업 자산을 양도했습니다.
저희 회사는 JNC 주식회사의 수익을 통해 미나마타병 인정 환자와 피해자에 대한 보상을 끝까지 책임지기 위해 노력할 것입니다. 또한 복지 향상을 위한 여러 정책에 적극 협력하고, 지역 경제의 진흥과 고용 안정에도 최선을 다하겠습니다.[8]

짓소의 공장이 운영되기 전까지는 어업과 농업이 중심 산업인 작은 농산어촌이었다. 짓소의 설립과 급성장은 빈곤한 지역에 젊은 노동자들과 그 가족이 모이게 하였고 주변 상권과 지역을 활성화했다. 회사는 비료 생산 공장으로 시작하여 아세틸렌, 아세트알데히드, 아세트산, 염화비닐, 옥타놀 등을 생산하며 화학 산업을 확대했다. 특히 제2차 세계대전 전후로 생산 물량이 많아 미나마타 공장이 급성장하면서 공장의 유해 물질을 인근 바다로 배출하며, 환경 및 사회적 피해를 일으켰다. 지역 주민들의 생업인 어업에서 먼저 나타났다. 이에 짓소는 어업조합에 1926년과 1943년 두 차례 손해배상 합의서를 작성해 주었고 '영구적으로 문제 삼지 않겠다'라는 조건으로 각각 1500엔, 15만2500엔의 위로금을 전달했다.[9] 참고로 일본에서 1930년대 백미 10kg은 도쿄 소매시세로 2엔 정도였다.[10] 그리고 동식물에게도 영향을 주었다. 특히 환자들의 거주지 주변에 사는 고양이와 야생동물들의 이상행동이 나타났다. 구체적으로

---

8 chisso 〉會社案內(2025.8. 검색) https://www.chisso.co.jp/company/index.html
9 原田正純,『水俣病』(岩波新書, 2017), 9쪽.
10 コインの散歩道, 明治・大正・昭和・平成・令和値段史,「東京都区部の小売物価統計調査」https://coin-walk.site/J077.htm

1950년쯤부터 고양이들이 경련을 일으키고 미친 듯 행동하다 죽는 '고양이 춤 병'이 나타났다. 그 외에도 바닷가에서 조개 등을 먹은 새들이 날다가 바닥으로 떨어지기도 하였으며, 까마귀나 물고기 죽음, 해초 멸종 등이 관찰되었다.[11] 즉 주민들의 건강에 영향을 주기 전에 먼저 주변 생물이나 자연환경의 변화가 나타났으며 공장은 유해 물질이 수로를 지나 바다로 유출되고 있다는 사실을 숨기고 있었다.

주민들의 건강 문제가 외부로 드러난 것은 1956년 4월부터였다. 걷기나 말하기가 힘들고 경련 증상이 있는 소녀가 병원 검사를 받으면서 가족과 마을에 비슷한 증상을 호소하는 사람들이 더 있다는 사실이 외부로 알려졌고, 초기에 정부와 의료계에서는 지역 전염병으로 오인하며 관심을 가졌다. 구체적으로 구마모토대학 연구팀(1956년 8월 24일 창설)을 중심으로 미나마타병 관련 조사가 이루어졌다. 환자들은 공통적으로 손발 등의 감각을 상실하고 작은 물건을 못 잡거나 비틀거리며 걷거나 뛸 수 없게 되었고, 목소리의 톤이 변하고, 시각 및 청각에 장애가 생겼으며, 음식물 등을 삼키기 어려워하는 등의 증상을 보였다. 이러한 증상들은 시간이 지날수록 악화했으며, 심각한 경련을 겪고 혼수상태에 빠진 후 사망에 이르렀다. 그리고 그해 10월에는 환자 40여 명 중 14명이 사망했고 희생자 대부분은 한가족이거나 한마을 사람들로 미나마타만에서 잡은 물고기와 갑각류 등을 주로 먹었다. 또 이들의 음식 찌꺼기를 먹던 고양이들도 비슷한 증상을 보이며 죽었다. 이러한 공통점을 기반으로

11　原田正純, 앞의 책(2017), 12-13쪽.

병의 원인을 '오염된 물고기와 갑각류가 주요 원인인 식중독의 일종'이라며 그해 11월 4일 구마모토대학 연구진이 "미나마타병은 중금속 오염으로 생각되며 아마도 물고기와 갑각류를 통해 인체 내부로 들어왔을 것"이라고 발표했다. 이에 일본 정부가 본격적으로 조사했다. 예를 들어 1959년 2월 미나마타만의 물고기와 갑각류, 진흙, 공장 폐수 도관 등에서 농도가 높은 수은이 검출되면서 공장이 오염의 원인으로 명확히 지목되었다. 이러한 실태 조사를 바탕으로 1959년 11월 12일 미나마타 식중독분과위원회는 "미나마타병은 주로 중추신경계에 영향을 주는 중독증이며, 미나마타만과 그 주위에 사는 어패류를 다량 소비한 것이 원인이고, 주된 원인 물질은 유기수은 화합물"이라고 발표했다. 그리고 1968년 9월 26일 "구마모토 미나마타병은 짓소 공장의 아세트알데히드 아세트산 설비 내에서 생성된 메틸수은 화합물이 원인"이라고 공식 발표했다.[12] 환자가 발생하고 10여 년이 지나서야 원인이 된 공장(폐수 불법 방류)과 물질(유기수은 화합물), 그리고 주민 건강 사이의 인과성을 국가가 정식으로 인정한 것이다.

그 후부터 해당 환자와 지역사회에는 많은 변화가 나타났다. 격리된 환자들이 전염병에 감염된 것이 아니라는 점이 알려진 후에도 그들을 향한 지역 공동체의 차별이 계속되었다. 피해 시민들의 손해배상 소송과 함께 건강 관련 지원 등을 요구하는 시위가 전국 규모로 전개되었으며 현재까지 정치 사회 법률 측면에서 해결책을 찾기 위한 노력이 계속되고 있다. 특히 수은 중독은 태아에게도 영향

---

12 原田正純, 앞의 책(2017), 108쪽.

을 주기 때문에 지금도 미나마타병으로 힘들어하는 사람이 많다. 즉 잠재적인 환자들을 어디까지 인정하느냐의 문제가 새롭게 불거진 것이다. 미나마타병 지원 사업에 협력하고 있는 한 주민은 "앞으로 30년이 더 지나 당시 (피해자들) 뱃속에 있던 사람들까지 사망해야 이 문제가 끝날 것이다"라고까지 말했을 정도다.

특히 환자 인정 소송은 초기부터 지금까지 갈등의 중심에 있다. 현재까지 미나마타병 환자로 인정받은 2300여 명 중 2000여 명이 사망하였으며, 300여 명은 기업으로부터 매달 배상금을 받으며 치료를 이어 오고 있다. 또 미나마타병 미인정 환자 중 7만여 명은 국가와 구마모토현의 중재로 가해 기업과 두 차례 화해를 추진하면서 1995년에 정부 해결책으로 1만353명, 2009년에는 특별조치법으로 3만6361명에게 일시 배상금과 의료비를 지급했다.[13] 국가도 환자가 사망할 때까지 치료비를 부담하는 조건을 내세웠다. 그러나 지금도 다수의 미인정 환자가 소송을 진행하고 있다.

미나마타 재생을 위한 모델

미나마타병 사건은 지역의 이미지와 경제에도 악영향을 미쳤다. 이에 환경 재난 지역이라는 이미지를 개선하고 이 사건을 발판으로 국내외에서 '환경 재난을 극복한 지역'이라는 이미지를 내세워 지역 활성화를 이루기 위한 방안을 제시했다. 1995년 3월 미나마타시가 제시한 '미나마타 재생 전망'은 미나마타시가 추구하는 모델이다. 구체적으로 '환경, 건강, 복지 중심 산업 문화 도시의 창조'를

---

13 一般財団法人水俣病センター相思社, 『図解水俣病-水俣病歴史考証館展示図録』(一般財団法人水俣病センター相思社, 2021), 65쪽.

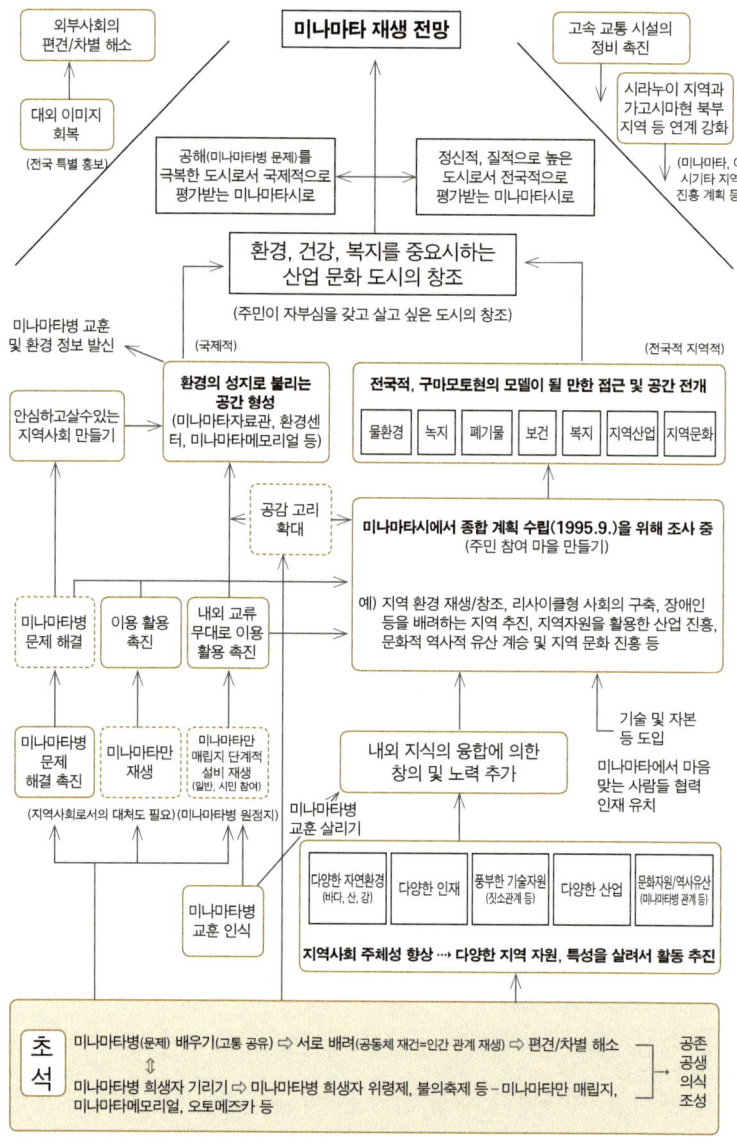

〈그림 7〉 미나마타 재생 전망(1995년 3월 환경창조미나마타위원회)

출처: 미나마타 재생 전망(환경창조미나마타추진사업 담당자가 작성한 미나마타 재생으로의 전망도(1995년 3월 환경창조미나마타위원회), 미나마타병자료관 1층 전시실 전시 자료를 기반으로 저자 편집.

목표로 주민이 살기 좋은 환경 도시, 과거의 환경오염 사건을 새로운 도전과 교훈으로 받아들여 '친환경 모델 도시'를 건립하고자 하는 것이다. 즉 지자체는 미나마타병 사건을 친환경 도시로의 변모를 꾀하는 기반이자 정당성 및 담론으로 활용하며, '미나마타병=환경오염 질환의 교훈'이라는 담론을 통해 현재와 미래를 위한 발전의 토대로 삼고자 했다.

특히 미나마타시 재생 전략은 미나마타병 문제와 피해 당사자들의 고통을 지역사회와 공유하며, 상호 배려의 정신을 바탕으로 한 공동체 의식의 강화를 기반으로 한다. 이를 통해 지역사회 내 미나마타병 피해자들을 향한 편견과 차별을 해소하고, 공존 및 공생 의식을 함양하고자 한다. 이에 미나마타병 희생자를 추모하는 행사의 지속적 개최와 관련 교육 프로그램의 운영은 이러한 전략의 중요한 요소이며, 이를 통해 지역사회에 역사적 교훈을 전달하고 치유와 화합을 도모한다. 그 가운데 교육적 역할은 시에서 운영하는 '미나마타병자료관'의 주요 기능 중 하나로 미나마타병과 관련된 역사적, 사회적, 환경적 교훈을 확산시키는 중심 기관이다.

또 이렇게 시작된 다양한 사업의 결과 가운데 첫손에 꼽을 만한 성과는 복지 부문으로서 전국에서 병원, 약국, 장애인 시설, 재활 센터 등이 가장 많은 곳이 되었다는 점이다. 예를 들어 '국립 미나마타병 종합연구센터'는 미나마타병 환자들의 삶의 질 향상을 목표로 '국민건강보험 미나마타 시립 종합의사센터', '미나마타시 아시기타군 의사회', '미나마타시 명수원(明水園)' 등의 지역 기관과 연계하고 있다. 또 미나마타시 아시기타군 의사회의 협력으로 지역의 전문 의사 협의체를 설치하고, 정기적으로 정보 교환과 치료 검토를 시행하고 있다.[14] 이러한 치료 및 요양 시설은 질병의 상태나 진행 단계에 따라 재활, 치료, 요양을 분리해 담당하고 있으며 지역 경제 관점에서 지역 주민의 고용 창출과 경제 활성화에 중대한 영향을 미치고 있다.

---

14 国立水俣病総合研究センター, "MEG Center", NIMD October, 1(2017), 10쪽.

3
전시와 자료로 알리고 배우기

미나마타병자료관과 미나마타병센터 소시샤

　미나마타시에서 미나마타병을 대중에게 쉽게 알리며, 특히 미나마타병의 역사적 배경과 환경문제를 전 세계적으로 이해시키는 중요한 역할을 하는 장소로는 미나마타시에서 운영하는 '미나마타병자료관'과 미나마타병 피해자와 지역사회 및 환경문제 해결에 관심 있는 활동가와 회원 등의 지원으로 운영되는 '미나마타병센터 소시샤'가 있다.

　먼저 '미나마타병자료관(시립 자료관)'의 설립 과정은 상대적으로 간단하다. 시립 자료관 홈페이지의 '설립 목적'에서는 "미나마타병에 대한 기억이 흐려지지 않도록 공해 문제의 원점으로 불리는 미나마타병의 귀중한 자료를 후세에 전하기 위해 건립되었습니다. 세계 어느 지역에서도 이와 같은 비참한 공해가 발생해서는 안 된다고 생각합니다. 있어서는 안 될 미나마타병, 미나마타병 환자들의 고통, 그리고 차별로 인해 겪었던 슬픔의 경험 등을 전시하고 있습니다. (중략) 1993년 5월 1일 개관한 이래 일본 국내뿐만 아니라 세계 각국에서 연간 5만 명이 넘는 관람객이 방문하는 장소가 되었으며, 공해와 환경보전에 대한 학습뿐만 아니라 인권 교육장으로도 활용되고 있습니다"[15]라고 밝히고 있다. 즉 미나마타시가 1993년 5월 미나마타병의 역사적 교훈과 환경문제의 중요성을 알리기 위해 설립한 공공시설이다.

이후 2016년에 미나마타병 발생 공식 확인 60주년을 기념하여 현재와 같은 모습으로 전시물과 시설을 전면 개편했다. 예를 들어 전시 내용은 주요 사건을 시각적으로 쉽게 이해할 수 있도록 구성하였는데 공장의 폐수 배출구를 모형화한 설치물을 배치하고, 희생자 및 당시 모습을 담은 사진 약 100장을 벽면에 전시하여 사건의 역사적 맥락을 전달했다. 또 국립미나마타병정보센터와 구마모토현 환경센터가 접해 있고, 남쪽에는 미나마타만의 오염된 해저 퇴적물을 매립한 터(41.4ha)에 조성된 '에코파크'가 있다. 환경보호의 중요성을 알리는 이 공원에는 지역사회의 회복을 상징하는 '재생의 숲'이 조성돼 있기도 하다. 즉 국가와 구마모토현, 미나마타시가 협력하여 공해와 환경문제 관련 정보를 체계적으로 보존하고 교육하는 역할을 담당하며, 지역 및 국제사회와 연계하여 환경보호의 중요성을 강조하고 있다.[16] 이는 앞서 언급한 '미나마타 재생'의 주요 방향성을 구체화한 것으로 미나마타시가 추구하는 '친환경 모델 도시'라는 비전을 반영한다.

---

15 水俣病資料館, 事業の目的, https://minamata195651.jp
16 産経新聞, "日本の源流を訪ねて-水俣病資料館(水俣市)", 『産経新聞』, 2017.1.17.

반면 '미나마타병센터 소시샤'의 설립 과정은 미나마타병 투쟁의 역사와 밀접하게 연관되어 있다. 1969년 제1차 미나마타병 소송이 제기된 후 1972년에 원고인 환자 측의 승소가 예상되면서 환자들은 판결 이후의 생활을 고민하기 시작했다. 특히 소송파와 자주 교섭파로 나뉜 환자들은 점차 고립되었고, 젊은 환자와 태아성 환자의 미래에 대한 우려가 커졌다. 이러한 상황에서 환자와 가족을 위한 안식처가 필요하다는 의견이 제기되었다. 그해 6월, 스웨덴 스톡홀름에서 열린 제1차 유엔 인간환경회의에 참가한 환자 대표는 국제사회에 미나마타병 문제를 호소하며 '미나마타병센터'의 설립을 제안했다. 10월에는 센터의 주요 기능과 역할이 발표되었는데 "첫째, 환자의 안식처와 투쟁의 기반이 되는 장소가 되며, '또 하나의 세상'을 만드는 장소이다. 둘째, 잠재적 환자를 발굴하고 환자 중심의 의료기관 설립을 목표로 한다. 셋째, 미나마타병 관련 자료센터의 기능을 한다. 넷째, 젊은 환자들을 위한 공동 작업장이 있어야 한다"라는 지표였다.[17]

이러한 주요 역할을 바탕으로 센터 설립을 위해 전국에서 3300만 엔의 기부금이 모금되었다. 그리고 미나마타병이 많이 발생한 곳 근처의 높직한 언덕에 약 3300m^2(1000평)의 토지를 매입하여 센터를 건립하였으며 1974년 4월 '서로 생각한다'라는 의미에서 '소시샤(相思社)'라는 이름으로 활동을 개시했다. 그러나 초기 설립 과정에서 어려움이 많았다고 한다. 당시 미나마타병 투쟁을 부정적으로 인식하는 지역사회와 공장 옹호 세력의 반발로 애초 계획했던 바

---

17   一般財団法人水俣病センター相思社, 『図解水俣病-水俣病歴史考証館展示図録』(一般財団法人水俣病センター相思社, 2021), 96-97쪽.

닷가 평지를 매입하지 못했다. 결국 활동가들의 도움으로 마을 위쪽 언덕에 터를 확보할 수 있었다. 이렇게 지역사회에서 인식이 좋지 못했던 이유 중 하나는 소시샤의 활동이다. 소시샤는 미인정 환자 운동과 환자 단체의 사무국 역할을 하며 신청 운동, 검진 거부 운동, 기각 취소 소송, 가짜 환자 발언에 따른 명예훼손 소송 등 다양한 법정 투쟁의 중심에 있었다. 이러한 활동으로 지역 주민들에게서 부정적인 반응을 얻기도 했으나 미나마타병 피해의 정보 전달과 교류의 장으로 기능했다. 또 1988년에는 '미나마타병 역사고증관'이라는 미나마타병 박물관(전시실)을 설립해 미나마타병의 역사 기록물과 관련 자료를 보존하고 전시하기 시작했다. 현재 회원들의 기부금이나 회비, 마을 안내 및 강연료, 고증관 입장료, 인터넷 농산물 판매 등 다양한 활동에서 발생하는 수익을 바탕으로 운영되고 있다. 참고로 2005년부터는 특별 회원은 1만 엔, 협력 회원은 5000엔, 응원 회원의 3000엔의 연회비를 내며, 이들 회원은 1년에 4번 발행하는 활동 소식지를 받아볼 수 있다. 현재 일본 전국에서 약 1000명이 회원으로 가입해 있다.

두 기관·단체의 역할과 특징

1) 대중성: 학생 관람자와 일반 관람자

〈표 12〉 시설 내용 및 관람자 비교

구분	시립 자료관	소시샤(역사고증관)
시설	- 시어터룸, 전시실, 증언부 강연실	- 과거 버섯 공장을 활용한 역사고증관
주요 전시 내용 및 환경	- 사진, 신문 자료, 인터뷰 영상, 시청각 자료실 등 다양한 매체 활용 - 병에 대한 과학적 내용 - 지역사회 변화, 차별 등 - 역경을 극복한 모습 - 담당 직원 상시 근무 - 영어, 한국어, 중국어 시청각 자료(시어터룸)	- 사진, 신문 자료, 그림 등 다양 - 미나마타병 투쟁 현장에서 사용된 깃발, 옷 등 전시 - 당시 주민과 지역, 공장 상황을 전시 - 오염물, 동물실험장 등 - 담당 직원 없이 교대 근무 - 일본어, 영어로 간단한 설명
교통 및 접근성	교통 편리, 넓은 주차장 등 - 구마모토환경센터, 미나마타병 정보센터와 연결 - 주변 에코파크 내 다양한 야외 활동 시설	교통 접근성 낮음 - 사무실, 숙박동, 집회동 등과 근접
관람자	초·중·고등학생 등 체험 학습장으로 인기 높음, 외국인, 남녀노소 등 방문객 다양 연평균 4만~5만 명	대학생, 성인, 연구자, 관련 활동가 등에게 인기 높음 연평균 3,500여 명
입장료	무료	유료

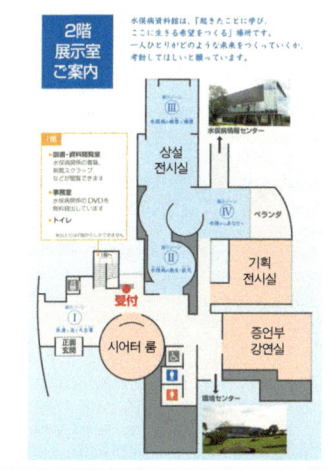 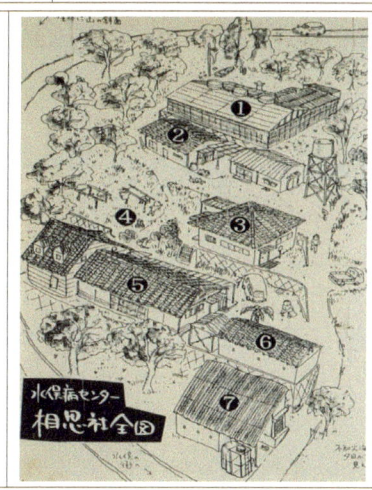

자료 설명: 시립 자료관 위 사진은 홈페이지 내 2층 전시실 안내도이며 가운데는 자료관 외부의 모습, 아래는 증언부 소강연실 내부 모습이다. 소시샤 위 사진은 소시샤전도 그림인데, 1번 역사고증관, 2번 숙박동, 3번 사무동, 4번 고양이 묘, 5번 집회동(대강당), 6번 자료실, 7번 창고이다. 가운데는 역사고증관 외부 모습이고 아래는 전시실 내부이다.

    시립 자료관과 소시샤를 찾는 관람객들은 대체로 두 가지 유형이다. 시립 자료관은 미나마타시에서 운영하는 현대식 건축물로 전시 공간, 휴식 공간, 교육장을 포함하여 남녀노소를 위한 다목적 공간으로 설계되었다. 특히 초중고등학교 학생들의 수학여행(체험 학습)이나 사회과 교육의 일환 등으로 매년 다수의 학생이 방문하고 있다. 코로나19 팬데믹으로 2020년부터 2021년까지는 1만 명 이하였으나[18] 이후 학생들의 수학여행 및 체험 학습 등이 재개되면서 평년 수준을 회복했다. 2024년 7월 19일에는 1993년 5월 개관 이후 32년간 누적 관람자 120만 명을 기념하는 행사가 개최되었다.[19] 학생 관

---

18   미나마타병자료관 인터뷰 중 자료관 측이 제공한 관람자 수(2023. 2. 조사)는 2018년 4만2935명, 2019년 3만8533명, 2020년 2671명, 2021년 9722명, 2022년 2만8626명이다.

19   NHK 熊本 NEWS WEB, 水俣病資料館 開館32年 入館者120万人に(2024. 7. 19.), https://www3.nhk.or.jp (2024. 10. 5.)

람자가 많은 이유 중 하나는 구마모토현과 가고시마현의 초등학교 5, 6학년 지역사회 과목에서 지역 문제를 다루는 내용이 포함되면서 현장학습이 활발히 이루어진 결과로 분석된다. 예를 들어 학생들은 체험학습으로 시립 자료관이나 소시샤를 견학하고 관련 프로그램에 참여한다. 구마모토현 내 초등학교 교사에 따르면 학생들은 교통이 편리하고 최신식 건물로 관련 전시관, 넓은 잔디 공원이 있는 자료관을 선호한다고 한다. 또 외국인 관람객도 이해할 수 있도록 다국어 영상과 시청각 자료실 등을 갖추고 있으며 피해자 및 관련 활동가들의 증언을 공유하는 '가타리베'라는 증언실뿐만 아니라 남녀노소 관람객의 관심을 유도하기 위해 증언자들의 인터뷰 내용을 짧게 편집한 영상물을 계속 상영하는 모니터와 사진, 신문 자료 등을 활용하고 있다.

이에 비해 소시샤 내 전시실인 미나마타병 역사고증관은 환자들의 저항과 투쟁의 현장을 가공하지 않고 실물 그대로 전시하고 있다. 당시 주민들이 사용한 배나 어구, 공장 물품, 수은 중독 관련 고양이 실험을 하고 버려진 사육장 등이 포함되며 갈등 상황을 담은 신문 기사, 저항운동에 사용된 깃발, 홍보물, 옷 등도 전시하고 있다. 그러나 과거 버섯 공장을 그대로 활용한 탓에 협소한 공간에 상대적으로 많은 전시물이 밀집되어 있다. 또 전시물 설명이 간략하여 해설을 직접 듣지 않으면 상징적이거나 의미 있는 자료를 이해하기 어려운 경우가 많다. 이러한 특성 때문에 당시 시대상을 잘 모르는 사람에게는 이해하기 어려운 전시물이 많은데 어느 정도 배경지식을 가진 성인이나 연구자, 관련 활동가에게는 인기가 있다. 한편 전시실 담당자가 상시 근무하는 자료관과 달리 소시샤 직원들이 자신의 업무를 병행하며 하루씩 차례로 근무하기에 직원마다 해설하는 내용이나 대응하는 방식에 다소 차이가 있을 수 있다.

2) 장소성, 교훈과 추모

<표 13> 시설 비교

구분	시립 자료관	소시샤
시설 및 주변	- 지역사회 상황 강조 - 다양한 조각상과 기념 공간이 있는 '기억의 장소(미나마타 메모리얼)' - 에코파크 주변 산책길 위령비 설치 - 매립지 내 시민들과 함께 조성한 '재생의 숲' - 주변 위령비, 조각상 등	- 피해자 상황 강조 - 집회동 내 관련자와 희생자 위패 안치 - 희생된 고양이를 위한 위령비(피해동물 추모) - 과거 버섯 공장을 개조한 역사고증관(박물관) - 환자와 가족을 위해 설립한 숙박동, 집회동 등

자료 설명: 시립 자료관 위 사진은 자료관 뒤에 있는 미나마타 메모리얼의 조형물이며, 아래는 전시실 모습이다. 소시샤의 위 사진에서는 앞쪽의 석물이 고양이 위령비이며 그 뒤로 숙박동이 보인다. 아래는 집회동(대강당) 내 추모단의 모습이다.

시립 자료관은 상설 전시실 외에도 다양한 조각상과 기념 공간, 위령비 등 에코파크 안에 의미 있는 예술 작품과 자연물을 통해 피해자와 자연환경의 회복을 기념하며 의미를 되새기고 있다. 또 매립지 공원에서는 매년 미나마타시가 주관하는 위령제와 불의 축제(영혼을 기리는 불의 축제)가 개최된다. 이 행사들은 미나마타시의 지원과 홍보를 기반으로 지역 초중학생을 비롯한 주민과 시 관계자들이 참여하고 있다. 특히 불의 축제(매년 9월 셋째 주 토요일 밤, 1994년부터 시작해 2024년 9월 21일, 27회 개최)에서는 지역 초등학교 교사가 창작한 '미나마타 마쓰리' 춤과 노래를 초등학생들이 공연하며, 지역 주민들의 합창, 악기 연주 등 남녀노소가 함께 즐길 수 있는 프로그램이 진행된다. 이러한 형식으로 사망자를 위한 위령제뿐만 아니라 피해자나 중증 환자들을 위한 위로 공연을 통해 과거의 비극이 반복되지 않기를 바라는 염원을 공유한다. 또 일부 소시샤 직원도 참여하여 작은 규모의 지역 축제와 같은 분위기 속에서 진행된다.

〈그림 8〉 불의 축제 모습(2023.9.23. 저자 촬영)

소시샤는 1989년 일명 '감귤 사건'으로 최대 위기를 겪었다. '감귤 사건'이란 미나마타병 환자들이 재배한 무농약 귤에 대한 사회적 관심이 전국적으로 확산하면서 발생한 사건이다. 미나마타병으로 인해 지역 주민들이 어업을 중단하고 농업으로 전환하여 재배한 무농약 귤은 그 사회적 가치 덕분에 폭발적인 주문을 받았다. 그러나 귤의 수요가 공급을 초과하자 일부 직원이 무농약이 아닌 귤을 속여 판매하는 일이 발생했다. 이 사건은 내부 직원의 양심선언으로 밝혀졌으며 이를 계기로 이사진이 총사퇴를 표명하는 등 조직은 심각한 위기를 맞았다. 이후 '소시샤 존속·관리 운영 검토위원회'를 설치하여 활동의 총괄 및 새로운 활동 방침을 검토하고 재출발했다. 조직은 규모를 축소하고, 환자 운동을 지지하며 미나마타병을 알리는 활동을 중심으로 삼았다. 오랜 세월 짓소 및 정부와 대립하며 미인정 환자 구제 문제를 핵심 과제로 삼아 왔으나 1995년 정치적 합의를 통해 미인정 환자 구제 문제가 일단락되면서 새로운 활동 방향을 모색할 필요성이 제기되었다. 이에 따라 2000년에는 '향후 소시샤를 생각하는 검토위원회'를 구성하여 다음과 같은 주요 역할을 제시했다. 첫째, 환자와의 교제를 심화하고 확대하며, 둘째, 미나마타병 사건을 알리는 활동을 강화하고, 셋째, 지역사회와 주체적 관계를 구축한다. 재정은 회비, 기부 수입, 사업 수입(판매, 연구 및 학습 지원(강연 포함, 정보나 자료 제공 등)으로 충당할 것을 명시했다.[20] 현재 이러한 역할을 중심으로 다양한 활동을 하고 있다.

이렇듯 소시샤의 설립과 발전 과정에는 피해자와 그 가족, 그리

---

20 [2001年]転換期を迎えた相思社の活動のあり方(答申), 今後の相思社を考える検討委員会(2001. 5. 27.), https://www.soshisha.org/jp

고 이들을 지원하는 시민단체와 개인 간의 상호작용이 깊이 자리 잡고 있다. 특히 설립 초기에 피해자 공동 숙소 및 피해자 가족들의 안식처로 사용되었으나 현재 시민단체, 연구자, 교류자들이 모여 논의하고 숙식할 수 있는 집회동에는 피해자 가족이 허락한 사망자들의 위패뿐만 아니라 미나마타병을 다룬 다큐멘터리 영화 감독의 위패와 실험으로 희생된 고양이의 위패 등이 함께 안치되어 있다. 미나마타병으로 희생된 인간과 비인간 동물 모두를 기리는 공간인 이 시설들에서는 환자와 관련자 모임 등이 꾸준히 이루어지고 있다. 특히 피해자와 그 가족을 대변하는 장소이기에 여전히 그 이미지가 강하게 남아 있다.

3) 학술적 의의, 도서관과 아카이브센터

〈표 14〉 시설 및 자료량과 접근성 비교

구분	시립 자료관	소시샤
주요 관련 시설	- 2층: 미나마타병 관련 저서와 기념품을 판매하는 공간 - 1층: 사무실, 대규모 도서관 - DVD 대출	- 전시실 내 관련 서적, 자체 제작 출판물 판매 - 아카이브 자료 보관 장소 - 인터넷 판매 사이트 운영(학술 자료, 서적 및 DVD 등 판매) - 집회동, 숙박동 내 관련 저서 등 비치
자료량	- 기본 정보 및 일부 기사를 PDF 형태로 홈페이지에 공유 - 저서 약 5700권 - 관련 기사 8만7000여 건 - 홈페이지 내 기본 정보 제공	- 매년 4회씩 정기 간행물 발간(회원발송, 판매) - 저서 포함 자료 약 10만 점 이상 - 신문 기사 10만 건 이상 - 사진 7만 장 이상 - 영상 자료 1000건 이상 - 음성 자료 1700건 이상 - 홈페이지 내 연표, 소송 등 다양한 정보 제공
교육 프로그램	- 증언실에서 피해자 및 관련자 강연 프로그램 실시 - 학생 체험학습	- 미나마타 마을 안내(유료) - 피해자 및 관련자 증언 프로그램 - 비대면 강연 및 학교 방문 강연 제공

자료 접근	- 도서관 무료 열람 가능 - 증언자 강연 편집 영상 홈페이지 공유 및 DVD 대출	- 서적 열람 가능, 대출 일부 가능 - 아카이브 자료 열람 신청 시 유료 제공 - 인터넷 문헌 자료 판매 - 대면, 비대면 강연 제공

시립 자료관에는 대규모 도서관이 있다. 도서관은 미나마타병 및 환경 관련 연구물, 환경오염 질환 및 지역 관련 자료 등을 소장하고 있으며 이 자료들은 현장에서 열람할 수 있다. 상설 전시실과 기획 전시실에서 영상이나 사진을 관람하고, 도서관에서는 학술적인 내용의 저서 및 관련 기사 등을 자유롭게 열람할 수 있다. 특히 어린이들도 볼 수 있는 쉽고 다양한 환경오염이나 환경성 질환 관련 책들도 갖추고 있다.

증언실에서는 2018년부터 피해 당사자와 관계자들이 직접 피해 내용이나 당시 생활상 등을 강연하고 있다. 강연을 듣기 위해서는 약 한 달 전에 신청서를 제출하거나 전화로 예약해야 하고 10명 이상 단체만 가능하다. 피해 당사자들에게서 당시의 상황을 생생하게 들을 수 있으므로 학생 체험학습의 필수 코스로 인기가 높다. 그러나 코로나19로 대면 활동이 제한되고 강연자들의 고령화와 건강 문제 등으로 인해 강연자 섭외가 힘들어짐에 따라 과거 촬영한 강연 동영상을 편집하여 홈페이지에 공유하고 신청자에게 DVD를 대출해 주고 있다. 2024년 조사 때는 피해를 증언해 줄 수 있는 피해자 약 10명 중 6명만이 활동하고 있었다. 미나마타병 관련 당사자들의 고령화 및 건강 악화로 인한 것인데 이들을 대신해서 당시 상황을 기억하는 가족이나 관련 저항운동에 참여했던 시민단체 대표자들이 그 역할을 점차 이어받고 있다. 2025년 3월 갱신된 홈페이지[21]에 등록된 이들을 살펴보면 미나마타병 인정자 3명 중 2명은 1927년생과 1936년생의 고령자이다. 또 태아성 미나마타병 환자가 2명인데 이들도 1956년생, 1959년생이다. 1927년생부터 1961년생까지 다양한 연령대의 피해 당사자들이 과거의 고통과 삶을 현세대에 전달하고 있다.

이러한 증언(강연) 프로그램은 소시샤도 비슷한데 단체 방문객, 특히 체험학습을 하려는 학생들, 대학생, 회사원, 활동가, 공무원 단체 등에서 신청하고 있다. 코로나19 팬데믹 기간에는 인터넷 화상회의 플랫폼을 활용하여 비대면 강연을 제공했다. 그러나 시립 자료관과 마찬가지로 강연자가 감소하면서 기존에 촬영된 영상을 활용하거나 소시샤 담당자가 직접 방문하여 강연하기도 한다.

소시샤는 시립 자료관에 비해 상대적으로 전문성이 높고, 연구자들이 활용할 수 있는 방대한 자료를 보유하고 있다. 소시샤의 주요 역할 중 하나도 미나마타병 관련 아카이브 구축, 관련 연구 저서 출판, 그리고 정기 발행물 제작이다. 정기 발행물은 연간 4회 발행하며, 판매하거나 회원(1000여 명)에게 배포한다. 특히 아카이브 구축은 소시샤 활동의 핵심으로 1980년대부터 컴퓨터 활용 능력이 뛰어난 직원을 중심으로 시작되었다. 1991년부터 본격적으로 데이터베이스화를 시작하며 시행착오를 거쳐 현재까지 방대한 자료를 축적해 오고 있다. 홈페이지에 따르면 저서를 포함한 문헌 자료가 20

---

[21] 水俣病資料館 > 分類から探す(水俣病資料館) > 語り部講話 > 語り部・伝え手紹介 > 語り部・伝え手紹介, https://www.city.minamata.lg.jp/mdmm/kiji0034121/index.html

만 점 이상이다.[22] 이 자료는 주로 기부받거나 필요한 자료를 의뢰하여 확보하거나 주변의 소개 등을 통해 수집했다. 특히 과거에는 주택 철거나 이사 과정에서 미나마타병 관련 자료가 발견되면 이를 제보받아 현장에서 직접 수집하는 때도 많았다고 한다. 이러한 노력은 미나마타병 관련 자료의 보존 및 활용을 극대화하는 데 중요한 역할을 하고 있다.

"보관 중인 자료가 너무 많아서 올해(2023년)부터는 직원마다 1일 1건 탑재 프로젝트를 진행하고 있습니다. 1인당 365건의 자료를 1년간 올리는 것을 목표로 합니다. (중략) 아직도 산더미입니다. 매일 모든 직원이 자료를 정리하고 있다고 보면 됩니다. (중략) 자료 정리가 하루에 1건 하기도 쉽지 않아요. 그냥 올리는 것이 아니라 내용을 보고 어느 항목(주제어, 중심어, 검색어 등)에 들어가야 하는지 확인해서 올리고 기록하고 정리하고, 집중해서 하면 여러 개를 할 수도 있는데 맡은 일들도 마무리해야 하니 집중이 안 되잖아요." (소시샤 데이터베이스 담당 T, 20대, 여)

예를 들어 공식 문헌 자료뿐만 아니라 개인 기록물인 의료 영수증, 일기, 공문서, 관련 물품 등 다양한 자료를 수집하여 자료 창고에 보관하고 하나씩 자료를 분류하여 홈페이지에 올림으로써 데이터베이스화하고 있다. 피해자가 사망하거나 요양원, 재활원 등으로 이주할 경우 방대한 양의 자료가 한꺼번에 들어오기 때문에 우선 자료 창고에 쌓아 두고 여유가 생길 때마다 체계적으로 정리 작업

---

22 一般財団法人水俣病センター相思社,水俣病関連資料ご利用案内, https://www.soshisha.org/jp

을 진행하고 있다. 이렇게 등록된 자료는 홈페이지[23]를 통해 검색할 수 있으며 자료를 신청하면 무료 혹은 유료로 제공해 준다.

4) 기타 소시샤의 고유 업무

이 두 기관이 진행하는 비슷한 업무 외에도 시민단체로서 미나마타병 피해자들과 밀접하게 연관된 소시샤만의 독자적인 역할이 있다.

첫째, 지자체가 요구하는 환자 상담 서비스와 관련 조사 프로젝트이다. 환경 조사 및 감시 활동의 하나로, 미나마타만의 오염된 퇴적물 처리 공사를 감시하고, 미나마타만 및 시라누이해의 오염 퇴적물과 어패류를 채취해 수은 농도를 조사하고, 피해 환자와 시라누이해 지역 주민들을 대상으로 청취 조사도 하고 있다. 즉 행정과 미나마타병 환자 및 관련자들의 연결 고리 역할을 하고 있으며 정부와 피해자 사이의 화해 사업에서 기업과 피해자를 연결하는 중개자의 역할을 했다. 특히 환자 관련 돌봄 상담 서비스는 생존 환자 수가 감소하면서 자연스럽게 그 규모가 매년 줄고 있으나 지속하여 환자들과 교류하며 건강과 생활 상태를 파악하고 있다.

둘째, 국내외 연구자들에게 연구 및 교류의 장을 제공하는 역할을 하고 있다. 소규모 도시인 미나마타시에서 정보와 자료를 얻을 수 있는 안전한 숙박 장소를 확보하는 일은 연구자들에게 큰 도전이 될 수 있다. 이러한 문제를 해결하기 위해 연구자와 기관 간의 연계를 지원하며 논의와 협력의 장으로도 기능하고 있다. 특히 미나마타

23　相思社水俣病関連資料データベース, https://opac.jp

병 및 환경오염 질환을 국내외에 알리고 비슷한 연구를 하는 연구자 및 기관과의 교류를 활성화하는 데 중요한 역할을 하고 있다. 예를 들면 캐나다 인디언과의 교류, 지역 주민 운동 단체와의 교류, 미나마타 실천 학교, 미나마타 생활 학교 등과 같은 프로그램을 통해 다양한 외부 이해관계자들과 지속적으로 교류를 이어 오고 있다. 이와 같은 활동은 앞에서 언급한 '외부인이 미나마타와 인연을 맺고 있다는 긍정적인 측면'과도 긴밀히 연결된다.

> "여기서는 숙박도 되고 하니까. 교류가 잘되는 것 같아요. 워크숍이나 연수 등 코로나 이전에는 많이 왔는데 코로나 전에 한국 울산과 교류를 했고, 우리가 미나마타병 관련해서 (한국에) 가기도 했어요. 이후 일본으로 (그들이) 오기로 했는데 (코로나로 못 왔어요) 김 선생님이 여기 왔으니, 그들도 곧 오지 않을까 희망을 품고 있어요."(소시샤 직원 S, 40대, 남)

> "여기는 8월, 9월 숙박하는 사람이 많아요. 대학생들이 방학을 맞아 합숙하면서 워크숍도 하고, 연구도 하고 사람이 많이 오고 가죠. 시에서 현에서 많이 방문하고 지원자들도 오고."(소시샤 직원 N, 30대, 여)

셋째, 미나마타병 환자와 그 가족을 위한 경제적 지원 활동을 전개한다. 주변 지역의 피해자나 그 가족, 후원자들이 재배하거나 가공한 농산물과 제품 등을 홈페이지를 통해 통신판매하고 있다. 이러한 활동은 전국적으로 '구매를 통한 후원'을 가능하게 하며, 이를 통해 후원자들은 물품 구매라는 간접 방식으로 피해자를 지원하는

'조용한 지원자' 또는 '응원자' 역할을 한다. 이는 여전히 미나마타병과 관련된 사회적 차별 속에서 드러나지 않게 피해자를 돕는 행위 중 하나이다. 초기에는 미나마타병 환자 중 젊은이들을 위한 일자리를 제공하기 위해 1974년에 버섯 농장을 운영하기도 했다. 그러나 시간이 지나면서 재배 비용 상승과 환자들의 고령화로 인해 1983년에 농장을 폐쇄했다. 1977년부터 1990년까지는 저농약 유기재배를 위한 퇴비 제조 및 판매도 하고, 미나마타병 환자들이 재배하는 저농약 감귤류의 판매도 해 왔다. 그러나 감귤 판매 사업은 앞에서 언급한 '감귤 사건'으로 최대의 위기를 겪으며 소시샤의 전반적인 활동의 방향성을 재구축하는 계기, 즉 쇄신의 계기가 되었다. 당시 소시샤에는 주로 50~60대 활동가 20~30명이 소속되어 있었다. 이들 대부분은 적은 월급을 받으면서 소시샤에서 숙식하며 생활했으며, 경제적 보상보다 이념을 갖고 미나마타병 환자들을 지원하려는 의지가 활동을 지탱하는 주요 동력이었다. 이러한 활동가들의 헌신을 계기로 센터의 새로운 이념이 형성되었고, 이후 젊은 세대로 활동가 구성이 변화하기 시작했다. 예를 들어, 2024년 12월 센터에는 7명의 직원이 근무하고 있었는데 이들은 20대가 5명, 30대가 1명, 50대 초반이 1명이다. 이들은 대부분 다른 지역 출신이거나 외부에서 들어와 정착한 지원자들의 자녀로서 성장한 활동가들이다. 한편 미나마타병에 대한 지역의 터부는 여전히 존재하고 있다. 지역민 중에는 미나마타병과 직접 연관된 당사자임에도 불구하고, 공개적으로 활동에 참여하기보다는 숨어서 지원하는 방식을 선호하는 경향이 있다. 이러한 태도는 과거에 비해 다소 완화되었으나 여전히 비슷한 수준으로 유지되고 있는 것으로 평가되고 있다.

"지역 물건 판매를 지원하고 주변 사람들의 눈을 의식하는 분들에게 좋아요. (중략) 일본은 주변의 눈을 의식하는 사람이 많고, 숨기는 편이잖아요. 이곳에 짓소와 연관된 사람들이 많아서 여기를 지원한다고 하면 안 좋게 보는 사람들도 있거든요. 그래서 전화나 홈페이지에서 신청 가능하니 남들 모르게 할 수 있잖아요. 물건을 사 주는 것으로 지원한다는 것이죠. (중략) 사과는 나고야에서 오는데 저농약이나 무농약 등 친환경 농산물이 우리 취지와 맞다고 생각해 중간에서 연결해 주고 있어요. 여기로 신청하면 직접 산지에서 보내 주고, 여기 물건들은 여기서 발송해요. (중략) 비누도 다른 공장에서 만들어서 오는 것을 판매합니다."(소시샤 직원 T, 20대, 여)

마지막으로 현재는 중단되었으나 미나마타병을 가깝게 체험하자는 의도로 시도된 '미나마타 1년 살기 프로젝트'가 있었다. 이는 1982년부터 1992년까지 10년여 동안 매년 20명가량의 참가자를 모집해 미나마타 지역에서 1년간 거주하도록 하는 프로그램이다. 참가자는 1년 참가비로 10만 엔을 지불했으며, 미나마타병 관련 활동가 외에도 직장을 그만두고 오는 사람, 새로운 직장을 찾는 과정에서 오는 사람, 고등학교를 졸업하고 진로를 찾기 위해 오는 사람 등이 다양한 동기에서 참여했다고 한다. 참가자들은 미나마타병 환자의 집에서 홈스테이하며 간병인 등으로 일하거나, 감귤밭에서 노동하며 생활비를 마련했다. 이러한 활동은 참가자들에게 미나마타병과 관련된 현실을 깊이 체험할 기회를 제공했으며, 프로그램은 매우 긍정적인 반응을 얻었다. 그러나 시간이 지남에 따라 운영비가 점차 증가하였고, 프로젝트를 지속하기 위해 회원들에게 펀드 형식으로 기부를 요청하기도 했으나 결국 재정적 어려움을 극복하지 못하고 중단되었다. 비록 프로젝트는 종료되었지만 미나마타병을 사회적으로 알리고 환자와 외부인이 연결되는 중요한 경험을 제공한 사례로 평가받고 있다.

"굉장히 반응이 좋았어요. 가격도 싸고 1년 동안 미나마타에서 생활하면서 자급자족은 아니더라고 자신들의 생활이 가능했으니까요. 직접 같이 생활하면서 그들을 이해하고 미나마타 지역을 활성화하고자 한 것이죠. (중략) 가장 큰 수확은 여기 참가한 사람들이 미나마타 지역에서 정착해서 사는 경우가 많다는 것입니다. 가장 기억에 남는 부부가 있는데 결혼해서 아이 6명을 낳고 잘 기르고 있어요."(소시샤 직원 N, 30대, 여)

비록 프로그램은 중단되었지만 당시 참여했거나 이들을 지원한 활동가들은 여전히 미나마타 지역 안팎에서 다양한 방식으로 활동을 이어 가고 있다. 즉 활동가나 지원자, 혹은 후원자로의 역할을 계속하고 있다.

4
미나마타병 사건을 보는
두 가지 접근법

　환경 갈등은 어디에서나 발생할 수 있는 사회문제로 인간의 편익과 삶의 질을 향상하기 위한 과정에서 과도한 자본주의적 욕심과 무지가 그 원인을 제공하기도 한다. 이 장에서는 미나마타병의 회복 과정에서 '미나마타병을 알리는 역할'을 하는 시립 미나마타병 자료관과 일반재단법인 소시샤를 중심으로 이들의 역할, 전시 내용, 프로그램 등의 차이점을 살펴보았다. 특히 시청각 전시물은 각 기관이 희생자들을 대하는 태도와 인식을 직간접으로 드러내는 요소로 작용한다. 이러한 관점에서 미나마타시(행정)와 시민단체 및 피해자들의 관점의 차이는 전시물과 활동을 통해 드러났으며 이는 미나마타병을 바라보는 태도와 행동, 나아가 자기 표출의 한 방식으로 작동하고 있다. 두 기관의 주요 차이점은 다음과 같이 정리할 수 있다.

　첫째, 미나마타병 사건을 바라보는 관점에 근본적인 차이가 있다. 시립 자료관은 미나마타병 사건을 이미 끝난 것으로 전제하며 복구된 모습이나 변화된 모습을 중심으로 전시하고 있다. 자료관의 주요 목표는 사건의 역사와 교훈을 다음 세대에 전달하는 데 있으며, 시민들과 피해자들 모두를 이해하는 포괄적 담론을 배경으로 하고 있다. 이 때문에 전시물의 내용 변화는 거의 이루어지지 않는다. 특히 환경 측면보다는 '사회적 차별을 극복한 사람들'이라는 관점에서 학생들의 지역사회 교육장으로 기능하고 있다. 반면 소시샤는 미나마타병이 여전히 진행 중이라는 점을 강조하며, 피해자들과의 지속적인 교류와 연구 활동을 통해 공론장을 형성하는 데 중점을 둔다. 정기적으로 환자들을 만나 상담하고, 학습 및 조사 활동을 통해 미나마타병에 대한 사회적 인식을 확산시키려는 노력을 기울이고 있다. 특히 소시샤 집회동의 추모단은 희생자들을 기리며 여전히 빈자리를 남겨 둠으로써 미나마타병 사건이 끝나지 않은 사건임을 상징적으로 표현하고 있다. 또 피해자들의 개인 기록물은 지속적으로 아카이브 자료로 등록하고 있으며, 이는 연구와 교육 자료로 활용되고 있다. 그래서 미나마타병 환자와 가족의 '고통과 저항'의 역사를 다루며, 이들의 경험과 투쟁의 의미를 사회적으로 환기하는 데 초점을 맞추고 있다.

둘째, 미나마타병 문제를 바라보는 접근 방식에 차이가 있다. 시립 자료관은 매립지 관리와 보건 의료 서비스 제공 등 미나마타시와 구마모토현의 재생 사업의 성과를 어필하면서 미나마타 지역이 역경을 극복한 지역이라는 이미지를 '배경' 혹은 '전환점'으로 해석한다. 그래서 미나마타시와 구마모토현이 추진하는 '환경 도시'라는 재생 이미지를 보여 주는 상징적 장소로 활용하고 있다. 예를 들어 에코파크 주변에 설치된 예술품이나 시에서 주관하는 위령제를 통해 피해자 전체를 대상으로 상징적이고 간접적으로 명복을 기리는 장소를 조성하고 있다. 반면 소시샤는 피해자라고 공식적으로 인정받은 환자뿐만 아니라 여전히 인정받지 못한 채 고통받는 미인정 환자와 소송 중인 이들의 존재를 강조하며 직접 교류하고, 경제적 자립을 지원하기 위해서도 노력하고 있다. 특히 농산물 및 가공품 판매 활동은 일본 사회의 구조적 특징, 즉 농산어촌 지역의 폐쇄적 특성과 깊은 관련이 있다. 일본 사회는 일반적으로 폐쇄적인 양상을 보이며, 소규모 농산어촌에서는 그 경향이 더욱 두드러진다. 미나마타병 환자들이 과거에 마을에서 심각한 차별을 받았던 이유도 이러한 사회적 맥락에서 기인한다. 지금도 미나마타병 환자와 가해 기업이 공존하는 지역에서는 공장 노동자, 협력 업체 관계자, 또는 이들과 연관된 지인과 가족은 자기 뜻을 외부에 드러내지 못하는 경우가 많다. 이와 같은 맥락에서 소시샤 홈페이지를 통해 비대면으로 판매하는 상품은 단순한 경제적 거래를 넘어 보이지 않는 지원자들의 연대를 상징하며 중요한 사회적 함의를 내포하고 있다.

셋째, 연구자들의 관점에서 보면 각각 다른 방식으로 연구 활동을 지원하고 있다. 시립 자료관은 이미 연구된 결과 자료를 제공하는 데 중점을 두며, 도서관에 저서, 기존 신문 기사, 영상물 등을 비치하고 있다. 이는 연구자들에게 기존 자료를 탐색하고 과거 연구를 기반으로 분석할 수 있는 환경을 제공한다. 반면 소시샤는 연구자들에게 새로운 연구를 위한 기초 자료와 문헌 자료뿐만 아니라 현지 조사 및 숙박 지원까지 포함한 폭넓은 지원을 제공한다. 별도의 자료실과 아카이브를 구축하여 연구자들이 논문 작성, 학습, 교류를 위한 공간으로 활용할 수 있도록 하고, 강연과 학습 관련 프로그램을 운영하며, 현지 조사를 돕는 코디네이터 역할도 담당함으로써 연구자들의 현장 연구를 지원하고 있다. 이러한 활동은 연구자뿐만 아니라 시민단체, 공무원, 대학생 등 미나마타병에 관심 있는 국내외의 다양한 사람들과 교류하며 미나마타병 문제를 알리는 데 기여하고 있다. 즉 단순히 자료 제공에 그치지 않고, 연구자와 지역사회, 그리고 국제적 관심사 간의 연결 고리를 형성하며, 미나마타병 문제를 계속 알리는 역할을 하고 있다.

　마지막으로, 미나마타병 사건이 우리에게 주는 교훈은 인간의 환경에 대한 무지와 안일함, 자본주의가 발생시킨 환경오염 재난으로 인간의 건강과 공동체, 지역 내 차별과 갈등, 주거 환경, 삶의 질을 넘어, 미래 세대에까지 영향을 미친다는 점에서 경각심과 교훈을 제공한다. 그래서 기후 위기와 환경 재난 등 인간의 삶을 둘러싼 자연 조건의 인위적 변화가 인간 삶의 안전을 위협하는 위험 사회를 설명하는 데 중요한 사례 중 하나이다. 더욱이 전시나 자료관 운영 방식을 통해 일본 사회에서 환경 재난을 바라보는 행정과 시민단체의 서로 다른 접근 방식과 시선을 이해할 수 있다. 이는 동시에 우리 사회를 비추는 거울이기도 하며, 유사한 사례 앞에서 우리가 어떤 길을 선택할지 생각하게 만든다.

나오며

더 이상 아프지 않은 농촌마을을 위해
주민은 환경 피해자이자 해결자

　지금까지 환경 갈등이 어떻게 시작되고, 또 어떻게 회복을 향해 나아가는지를 여러 사례를 통해 살펴보았다. 특히 농촌 지역에 유해 물질을 배출하는 공장과 축사 등이 들어서고 가동되면서 나타난 자연환경과 생활환경의 변화를 다양한 측면에서 살펴보았다. 악취와 매연, 폐수, 소음 등은 자연환경뿐만 아니라 일상생활 환경, 나아가 사회공동체의 모습까지도 바꾸어 놓았다. 또 해결과 복구 과정에서는 복잡한 사회적 정치적 경제적 논리가 얽혀 작동했다. 그 과정에서 가장 안타까운 점은 일반인들이 환경문제의 원인 물질, 즉 자신들을 괴롭히고 원인을 밝혀내는 일이 매우 어렵다는 사실이다.

　이러한 문제는 해당 분야 전문가나 정치인, 시민단체 등 외부인의 도움 없이는 해결하기 어렵다. 특히 역학조사를 진행할 때에는 과학적 분석을 지원하고 그 결과를 뒷받침할 수 있는 충분한 배경지식과 자료가 필요하다. 그래서 조사 방법으로 주민들의 집단 기억을 이야기 형태로 끌어내 주제별로 정리하고 분석하는 '주민 이야기 분석' 혹은 '집단 기억 구술 정리'를 제안한다. 이러한 분석은 당시의 피해 상황과 변화를 다른 사람들에게 전달하고 그 개연성을 이해할 수 있는 배경을 제공하는 데 유용하다. 더욱이 주민들은 자신들의 이야기를 들어 주고 소통하는 과정에서 심리적 위안을 얻을 수 있다. 특히 그동안 묵살되었던 사실에 관심을 두고 해결 방안을 함께 모색하며 공감하려는 노력은 심리적 치유로 이어진다. 결국 이것은 역학조사의 기초 및 배경 조사로서의 역할을 하며 주민들이 처한 상황을 깊이 이해하는 데에도 도움이 된다.

　환경오염과 질병 간의 인과관계는 이미 잘 알려져 있으며, 대부분 유해 물질로 인한 피해자의 척도는 암 환자 또는 특정 질병 환자가 얼마나 많은지가 기준이 되고 그 결과 언론을 통해 사회문제로 확대되곤 한다. 그러나 환경성 질환은 현실적으로 진행 속도가 느리고 다양한 질병으로 발현될 소지가 다분하다. 질병의 원인은 생활환경과 식생활, 직장 환경, 가족력 등 개인적 요인들과 복잡하게 연결되어 있으며, 조사 대상이 되는 질병의 종류도 한정되어 있어 원인 물질을 규명하고 질병으로 이어지는 과정을 밝히는 것은 결코 쉬운 일이 아니다. 이 책을 마무리하며 지금까지 직접 현장을 조사하고 다양한 연구에 참여하며 느낀 점을 중심으로 환경 갈등을 해결하는 데 '주민이 주인공'이며 '주민의 역할'이 중요한 이유를 장점 마을 사건의 해결 과정을 통해 알아보자.

　먼저 단순하지만 당시 현장을 말해 줄 수 있는 건 그곳에 살았던 사람들과 주변 동식물, 그리고 자연이다. 즉 피해자도 해결자도 주민인 것이다. 그래서 과거로 거슬러 올라가 당사자의 증언을 청취하며 오염 전후의 변화를 파악하는 것이 중요하다. 주민들의 공통된 경험과 주관적인 서술은 정리 과정을 거치면서 객관화되고, 이를 통해 당시의 상황을 좀 더 구체적으로 재구성할 수 있다. 예를 들어 장점 마을처럼 2012년부터 암 환자가 증가하면서 주민들은 공장의 유해 물질 배출을 본격적으로 의심하기 시작했다. 공장이 가동된 지 10년이 넘어서야 합리적인 의심을 한 것이다. 주민들이나 연구자들이나 변화의 전후 상황에 대한 경험을 구체적으로 추적하고, 연관성을 맞춰 가는 과정에서 단서를 얻는다. 당사자들의 과거 경험과 변화상을 묻는 면담 조사와 과거 기록물들(신문 기사, 저서 등의 문헌 자료, 일기, 개인 메모, 진료 기록 등의 개인 기록 등)은 중요한 단서가 되고 증거물이 된다.

둘째, 환경 갈등에서 가장 중요한 것은 갈등의 대상이 되는 유해 물질을 파악하는 것이다. 이때 주민 참여형 조사를 통해 더욱 효과적인 조사를 유도할 수 있다. 지역마다 환경, 지리, 인문적 특성이 다르므로 당사자만이 알 수 있는 부분이 존재한다. 지금까지 이들의 인과성을 조사하는 건강 영향 조사는 대부분 연구자를 중심으로 단기간 진행되었기 때문에 피해 당사자가 수긍할 만한 결과를 얻기가 어려웠다. 예를 들어 장점 마을 환경 갈등 사건 해결 과정에서는 주민과 주민을 대변하는 민관협의회가 협력하여 원인 물질을 찾고 보관했으며 피해를 객관적으로 증명하고 여론에 호소하기 위해 노력했다. 즉 주민들은 조사 기관의 결과를 수동적으로 기다리는 대신 원인 물질을 추적하는 과정에서 적극적으로 협력하며 자신들의 주장을 확고히 했다. 주민들이 적극적으로 나설 수 있었던 요소 중 하나는 과학적 조사가 이루어지기 전에 주민들의 의견을 경청하고, 이 사건의 심각성과 가치를 직간접으로 인식시키는 시간(반복적인 인터뷰, 조사 참관, 대모, 집회 및 시위, 설명회 등)을 가졌기 때문이다. 당사자들이 스스로 피해 사실을 외부로 거침없이 피력할 수 있도록 기반을 마련한 결과, 피해자와 마을이 단순한 연구 대상이 아니라 주체적인 참여자로서 연구 과정에 개입하며 조사자들을 감시하는 역할을 하게 되었다.

셋째, 외부인이 피해 사실을 조사하고 건강검진을 진행하며 관심을 보이는 과정 자체가 피해 당사자들에게 '피해를 인정받았다'라는 심리적 안도감을 주었다. 그동안 환경 불평등 속에서 사회적 약자로서 자신들의 고통을 호소해도 인정받지 못하며 행정에 대한 불신이 쌓여 왔다. 이러한 상황에서 피해자의 고통에 귀를 기울이는 것은 어느 정도 갈등을 완화하는 데 도움이 될 수 있다. 장점 마을에서도 환경부나 지자체에서 실시하는 조사를 신뢰하지 못하는 부분이 있었다. 따라서 자신들의 피해 사실을 과장하거나, 반대로 협조하지 않는 경우가 많았다. 그러나 자연스럽게 주민과 이야기하고 함께 조사하며 신뢰를 쌓는 과정에서 다양한 가운데서도 공통된 이야기를 청취할 수 있었으며, 이는 원인 물질을 검토하는 데 중요한 단서가 되었다. 특히 학문적 배움이 적은 고령의 주민들에게 기록을 통한 조사는 상대적인 박탈감을 줄 수도 있지만 당시의 상황을 말로 표현하는 것은 오히려 치유의 시간이 되기도 한다. 이러한 과정에서 행정 불신이 줄어들고, 해결 방안과 복구 단계 등을 함께 모색하며 현실에 맞게 조율할 수 있는 심적 여유를 제공했다. 또 공동체 결집에도 도움이 된다는 장점이 있었다. 공론화 과정에서 주민 의견을 한데로 모을 수 있었던 것이다.

넷째, 환경오염 현장에서 주민들의 적극적인 행동은 주변 사람들과 단체를 모우고 그들을 동참시키는데 동기를 제공한다. 환경 정의의 관점에서 보면, 사회적 약자는 환경오염 현장에서 더 큰 피해를 입는다. 이는 곧 환경 불평등 문제와 연결된다. 사회학적 연구에서는 이러한 현상을 사회·정치·경제적 맥락 속에서 살펴보며, 환경오염이 주민들의 건강과 생활에 어떤 영향을 미치는지를 분석한다. 더 나아가 인간만이 아니라 동식물의 피해와 변화까지도 함께 고려할 수 있다. 또 지역사회에서는 시민단체, 정치인 등과 함께 여러 차례 공론장이 마련되었다. 이 자리에서 주민들의 적극적인 행동은 주변 사람들과 단체를 모으는 원동력이 되었고, 다른 이들을 동참하게 만들었다. 그 결과는 정책 변화를 이끌어 내는 힘으로 이어졌다.

앞으로 이런 일이 없기를 희망하며

유해 물질 때문에 주변 환경이나 사람들이 개인 차원의 육체, 정신, 경제적 영향을 받을 뿐만 아니라 사회문화적 영향도 함께 받게 되므로 사회적 고통 혹은 사회적 재난으로 해석할 수 있다. 이 책에 등장한 여러 환경오염 사건도 같은 맥락으로 해석할 수 있다. 특히 '지역 경제 활성화' 혹은 '지역 개발'이라는 단어는 아직도 공업단지나 산업단지, 인구의 증가, 도시화 등으로 표현되며 이를 위해 자연환경이나 주민 생활이 후순위로 밀려 불편과 희생이 발생하는 사회구조적 문제는 여전하다.

인간의 삶의 안전을 위협하는 위험 사회에서 환경에 대한 무지와 안일함, 그리고 자본주의가 초래하는 기후 위기와 환경 재난은 개인의 건강과 공동체, 주거 환경, 삶의 질을 넘어 미래 세대에까지 영향을 미치게 된다. 특히 회복 과정에서도 완벽한 회복은 없다. 앞에서도 언급하였지만 복구 사업은 손상된 것의 기능적 회복이 중심이다. 다시 말해 '삶의 질과 같은 사회문화적 측면까지를 고려한 원래 상태로의 회복(복원)'을 기대하기는 현실적으로 힘들다. 그래서 한번 사건이 발생하면 되돌릴 수 없기에 사전에 대비하는 것이 중요하다. 현재 장점 마을에서 추진하고 있는 치유 공간의 건립도 같은 취지일 것이다.

2021년 장점 마을 백서를 제작하며 세 가지 의미를 제시했다. 첫째, 비료 공장의 오염 영향을 받아 왔던 주민들이 피해자 구도에서 벗어나 공장 가동 초기부터 환경문제를 지적하며 악취와 환경 사고에 적극적으로 대응한 투쟁 당사자로서의 기록이다. 둘째, 환경문제 해결을 위하여 주민뿐만 아니라 전문가를 비롯한 시민단체, 정치인, 법조인 등 지역 내 다양한 그룹이 모든 과정에서 협동해 온 지역사회 협력 체계 형성의 증거이다. 셋째, 결코 쉽지 않은 환경 역학조사의 오염 원인과 피해 간의 인과관계를 밝혀낸 것은 오염 피해를 막고자 한 뜻있는 역학 분야 교수, 기자, 중앙 정치인들의 숨은 노력의 결과라고 할 수 있다. 이러한 백서 제작 동기 중 가장 강조한 것이 바로 주민의 역할이다. 환경 갈등 해결 과정에서 당사자가 자발적으로 참여하고 끝까지 동참하는 모습은 그들의 강한 의지를 나타냈다. 이러한 점은 향후 사회학적 의미를 더욱 강조하는 요소가 된다.

특히 반복적으로 만나 주민들의 의견을 청취하고 그들의 고통을 듣고 이야기하는 과정에서 처음에는 피해 사실을 숨기거나 다소 과장하는 경향이 있던 주민들도 점차 스스로 솔직해졌다. 이 과정에서 주민들은 적극 협력하며 연구자, 행정 관계자, 민간 위원 등 관련자들의 대응을 감시하는 역할도 수행했다. 이러한 참여와 감시는 합동 조사를 가능하게 한 원동력이 되었으며, 문제 해결과 갈등 완화에도 기여했다. 나아가 '그들의 이야기를 듣는 것, 즉 경청하는 것'에는 단순한 대화 이상의 의미가 있다. 이는 오랫동안 묵살되어 온 주민들의 목소리를 존중하는 과정이며, 그들의 주장이 옳고 그름을 떠나 그들이 처한 현실을 이해하는 것이다. 다시 말해, 공동체가 자체적으로 문제를 해결할 수 있는 기회를 주는 셈이다. 피해자와 가해자를 단순히 나누기보다, 소통 속에서 함께 살아갈 길을 모색하고, 법과 제도에 기대기 전에 스스로 해결의 길을 마련하도록 하는 것이다. 나아가 복구와 회복 과정에서 각자의 이익을 내세우며 부딪히는 자리에서도, 서로 조금씩 양보하며 합의에 이를 수 있도록 돕는 힘이 된다.

마지막으로, 사회문화적 조사(사회학 및 인류학적 방법 등)는 사람을 대상으로 하거나 사람이 만든 사회적 산물(제도, 현상, 행위, 사건 등) 간의 상호작용 등을 탐구하고 조사한다. 이들은 모두 사회적 맥락 속에서 특정한 의미와 영향력을 가지며, 더 나은 사회를 만들기 위한 도구로 활용되기를 희망한다. 그중 건강 영향 조사는 단순한 질병 분석을 넘어 사회적 불평등, 역사적 정의, 정치적 갈등과도 복잡하게 연결되어 있다. 특히 '최종 발표회의 결과 문구'는 피해자들 간의 갈등과 환경 갈등을 심화시킬 수도, 해소할 수도 있는 결정적인 단서가 된다. 따라서 좀 더 정의로운 사회적 방향과 정책 대안을 마련하기 위해서는 피해 당사자들의 목소리를 적극적으로 반영하는 다양한 연구를 병행하여야 한다. 특히 사회학적 연구의 순기능은 바로 이러한 사회적 변화를 가능하게 한다는 점이다. 그렇기에 환경오염을 둘러싼 연구는 단순한 기록을 넘어, 사회를 바꾸는 힘을 보태는 중요한 학문적 의미를 가진다.

기후 위기 시대에 환경 갈등은 앞으로 더 많은 사회 이슈가 될 것이다. 양상은 더 복잡해지고 규모는 더 커지고 희생자는 더 많아질 것이다. 똑똑해진 우리가 스스로의 목소리를 쉽게 낼 수 있는 도구가 많아졌고 그만큼 시민의 환경 의식도 높아졌기 때문이다. 피해자들에게는 갈등 해결을 위한 원인을 밝혀 줄 힌트가 있으며, 더 나아가 해결 과정에서 '자신들의 고통을 인정받을' 권리가 있다. 이러한 인식이 전제될 때, 피해 구제나 사후 배상 및 보상 제도는 갈등보다는 협력으로 잘 마무리될 수 있다.

환경 갈등은 여전히 우리 주변 곳곳에서 다양한 모습으로 이어지고 있다. 지금 이 순간에도. 그 피해는 언제나 사회적 약자에게 가장 크게 다가온다.

그렇기에 우리는 늘 주변에 귀를 기울이고, 책임감을 나누며, 함께 살아갈 수 있는 사회를 만들어 가야 한다. 무엇보다 주민들의 목소리에 귀 기울이고, 주민 스스로가 해결자가 될 때 진정한 변화가 이루어진다. 더 이상 아프지 않은 우리를 위해.

이 책이 그 길에 작은 보탬이 되기를 진심으로 바란다.

농촌마을이 아픈 이유
환경 갈등과 회복의 기록

초판 1쇄 인쇄 2025년 10월 14일
초판 1쇄 발행 2025년 10월 16일

지은이 김미숙
펴낸이 김재광
펴낸곳 솔과학
편 집 바다
영 업 최희선
디자인 본문표지 장덕종
등 록 제10-140호 1997년 2월 22일
주 소 서울특별시 마포구 독막로 295번지 302호(염리동 삼부골든타워)
전 화 02)714-8655
팩 스 031)422-4656
E-mail solkwahak@hanmail.net

ⓒ 솔과학, 2025
값 18,000원
ISBN 979-11-7379-034-8 93300

이 책의 내용 전부 또는 일부를 이용하려면 반드시 저작권자와 도서출판 솔과학의 서면 동의를 받아야 합니다.